BRIGITTE CHEVALIER
Maître de conférences à l'université de Paris VIII

LECTURE ET PRISE DE NOTES

NATHAN

À mes fils,
À «mes» étudiants,

ISBN 209 190562-3

SOMMAIRE

INTRODUCTION

Objectifs

Ce livre a pour but de permettre à tous ceux qui étudient d'**acquérir des méthodes de travail performantes**, en particulier dans les domaines de la lecture et de la prise de notes. De nombreuses recherches, tant en France qu'à l'étranger, ont mis en évidence que l'efficacité et la variété des stratégies utilisées par l'étudiant constituaient un des principaux facteurs de réussite à l'Université.

Démarche

Tous les individus ne sont pas identiques : ce qui convient à l'un peut ne pas convenir à l'autre. L'acquisition de méthodes adaptées passe par la connaissance de soi. Votre «métier» consistant essentiellement à enrichir vos savoirs, il semblerait normal que l'on vous ait enseigné les gestes mentaux nécessaires à la compréhension, à l'attention, à la mémorisation... La réalité montre qu'il n'en est rien, sauf rares exceptions. Les secteurs les plus divers sont abordés sauf celui qui vous touche de plus près : vous, votre gestion mentale.

C'est pourquoi ce livre propose une démarche inverse. Avant de vous apporter des informations sur la lecture, sur la prise de notes, avant de vous y entraîner, il vous conduit à **découvrir**, dans le module de lancement, votre **style d'apprentissage préférentiel**. Cet éclairage vous permettra de mieux tirer parti de cet ouvrage et, plus généralement, de mieux **exploiter votre potentiel intellectuel**. Vous serez ainsi mieux «équipé» pour mener à bien vos études et, au delà, votre vie professionnelle.

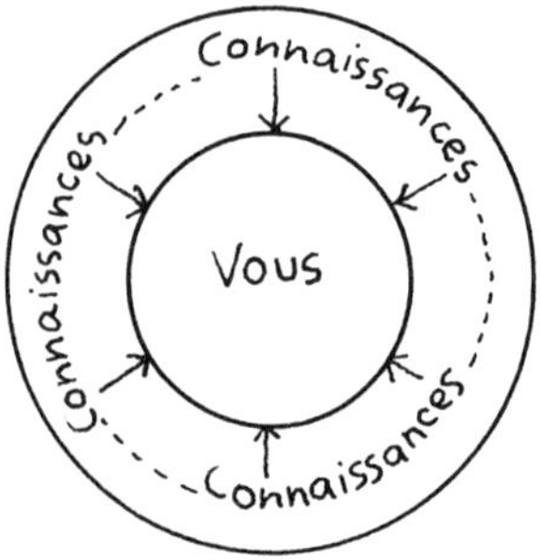

Schéma habituel de l'enseignement : les connaissances arrivent de toutes parts mais comment les exploiter ?

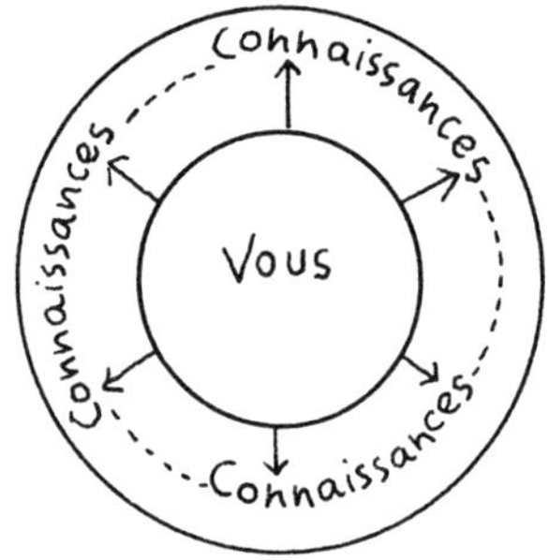

Schéma adopté dans ce livre : c'est vous qui allez vers les connaissances, prêt à les gérer dans le mode qui vous convient le mieux.

Structure et conception

Vous trouverez dans ce livre :

– des **tests** grâce auxquels vous pourrez vous situer ;

– des **parties informatives** destinées à dégager les procédés à mettre en œuvre pour développer vos facultés ;

– des **itinéraires méthodologiques** ;

– des **gammes d'entraînement avec leurs corrigés** (p. 114).

Pour donner à chacun la possibilité de saisir l'information par le canal le plus efficace pour lui, explications et méthodes sont écrites dans un **double langage** : celui des mots, celui des images. Après avoir déterminé grâce au test page 7 votre profil cérébral dominant, vous pourrez aborder chaque module de manière différenciée :

– les «cerveaux gauches» commenceront par la lecture du texte ;

– les «cerveaux droits» commenceront par la lecture des schémas situés en fin de module.

MODULE DE LANCEMENT : MIEUX SE CONNAÎTRE POUR MIEUX EXPLOITER SES RESSOURCES INTELLECTUELLES

Vous êtes au cœur de l'apprentissage. C'est pourquoi ce module, qui constitue la toile de fond de tout l'ouvrage, commence par un test qui vous permettra de cerner votre mode de gestion mentale préférentiel. Il se propose ensuite, grâce à la connaissance du fonctionnement cérébral, de vous conduire à mettre en œuvre les démarches nécessaires pour mobiliser toutes vos facultés et, ainsi, contribuer à la réussite de vos études.

TEST :
QUEL EST VOTRE PROFIL CÉRÉBRAL DOMINANT ?

Entourez ou notez votre réponse : A ou B.

1. Quand vous demandez votre chemin à quelqu'un, vous préférez :
   A. que la personne vous fasse un plan ;
   B. que la personne vous explique votre route (2e à gauche, etc.).

2. Quand vous avez fait la connaissance d'une personne, vous retrouvez plus facilement :
   A. son visage ;
   B. son nom.

3. Pensez à un événement qui vous a marqué... Qu'est-ce qui vous est venu d'emblée à l'esprit ?
A. vous avez revu le lieu, les personnes ;
B. vous avez réentendu les paroles prononcées, évoqué l'ambiance sonore.

4. Quand vous préparez une dissertation, comment procédez-vous pour trouver des idées ?
A. vous laissez venir les idées en vrac, sans ordre ;
B. vous explorez systématiquement toutes les pistes possibles.

5. Pour calculer mentalement 54 + 17, vous avez tendance à :
A. voir les chiffres dans votre tête comme si vous posiez l'opération ;
B. vous dire (à voix haute ou à voix basse) 4 + 7 = 11 et je retiens 1, etc.

6. Que préférez-vous ?
A. les disciplines littéraires ;
B. les disciplines scientifiques.

7. Que préférez-vous ?
A. la géographie ;
B. l'histoire.

8. En mathématiques, vous êtes plus à l'aise :
A avec la géométrie ;
B. avec l'algèbre.

9. Quand vous apprenez l'orthographe d'un mot (en français ou dans une autre langue) :
A. vous le photographiez mentalement ;
B. vous l'épelez ou le prononcez (à voix haute ou à voix basse).

10. Si vous partez en voyage, vous avez tendance à :
A. partir un peu à l'aventure ;
B. préparer minutieusement votre itinéraire.

11. Dans une salle de cinéma, vous préférez vous placer :
A. légèrement à droite de l'écran ;
B. légèrement à gauche de l'écran.

Interprétation du test

Faites le compte des A et des B. Si les A l'emportent, le cerveau droit prédomine chez vous ; si les B l'emportent, c'est le cerveau gauche (voir p. 15). Cette tendance est plus ou moins marquée selon le nombre de A ou de B. Vous trouverez, tout au long de ce livre, des conseils vous permettant d'adapter vos méthodes à votre personnalité. Vous apprendrez à mieux tirer parti de votre mode cérébral préférentiel tout en épanouissant le mode le plus discret.

Les «cerveaux droits» pourront, d'entrée de jeu, se reporter aux schémas figurant à la fin des modules afin de visualiser le contenu. Nous verrons à quel point c'est important pour eux[1].

1. Hier, la boîte noire

Pendant très longtemps, les possibilités de comprendre le fonctionnement cérébral sont restées limitées. D'un côté, se trouvaient les biologistes, les médecins qui étudiaient l'aspect matériel du cerveau, par dissection. Ils travaillaient sur des cerveaux morts, d'où le nom de «matière grise» donné à l'écorce cérébrale[2]. De l'autre côté, les psychologues étudiaient l'aspect spirituel sur des personnes vivantes mais ne pouvaient accéder à l'intérieur de la boîte noire.

La fin du XIXe siècle vit la découverte des localisations cérébrales. En 1865, Paul Broca, ayant opéré des sujets lésés, établit que les blessures qui atteignaient la partie gauche du cerveau produisaient presque toujours des troubles de la parole alors que les lésions de la partie droite entraînaient des troubles de l'orientation spatiale. L'idée selon laquelle les deux hémisphères du cerveau ne possédaient pas les mêmes fonctions voyait le jour.

1. Pour la question 11, voir corrigés p. 114.
2. En réalité, l'écorce cérébrale n'est grise que sur les cadavres ; sur les vivants, elle est rose.

2. Aujourd'hui, le cerveau en pleine lumière

Depuis 1970, les recherches sur le cerveau ont fait un bond spectaculaire : en vingt ans, nous en avons appris plus qu'en vingt siècles. Ces progrès ont pu être réalisés grâce à l'invention de nouvelles techniques qui permettent de suivre le fonctionnement du cerveau humain en action, de voir les zones mobilisées dans telle ou telle situation.

Les recherches en neurosciences, qui ont connu un développement prodigieux, ont donné naissance à la neuropsychologie. Cette nouvelle discipline établit désormais la passerelle entre la neurologie, science de la matière vivante, et la psychologie, science de l'esprit. Elle est riche d'applications dans le domaine du travail intellectuel. Explorer ces applications tout en découvrant comment fonctionne notre cerveau, tel est le but de ce module.

3. L'approche verticale : le cerveau à trois étages

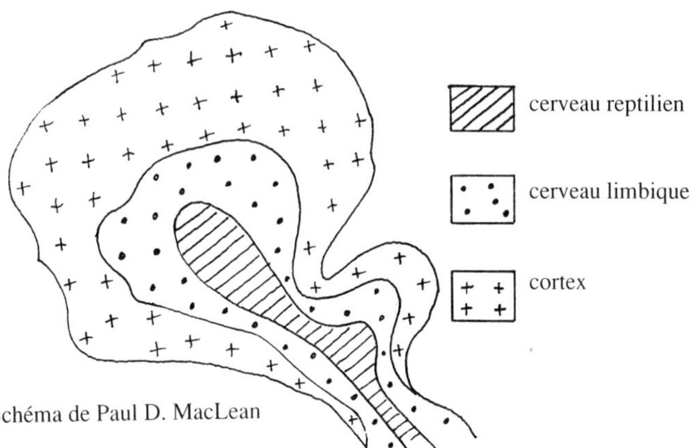

Schéma de Paul D. MacLean

Trois cerveaux sont apparus successivement au cours de l'évolution de l'espèce humaine. C'est ce qu'ont mis en évidence les travaux du professeur Paul D. MacLean.

Le cerveau reptilien

Le cerveau reptilien, encore appelé cerveau primitif, est le plus ancien. C'est le cerveau des poissons, des lézards, de certains vertébrés inférieurs.

Sa principale fonction consiste à assurer la **survie** de l'individu et de l'espèce. Il commande donc les besoins de base (faim, soif, sommeil, pulsions sexuelles...) et les réflexes de défense (fuite, agressivité...).

Ce cerveau, sorte de pilote automatique, est incapable d'adaptation. Il agit sur un mode unique, stéréotypé.

Tous les gestes instinctifs relèvent du cerveau reptilien : sucer son pouce, se gratter le nez, se ronger les ongles, lever le bras pour se protéger... On retrouve aussi la présence de ce cerveau dans certaines habitudes telles que s'installer toujours au même endroit en cours, marquer son «territoire» (voiture, bureau...) avec des objets personnels.

«Ventre affamé n'a pas d'oreilles» est un proverbe qui convient parfaitement au cerveau reptilien.

Le cerveau limbique

Le cerveau limbique (du latin *limbus,* bord) entoure le cerveau reptilien. Il est gros comme une petite pomme. C'est le cerveau proche de celui des mammifères : vaches, singes, dauphins... On l'appelle souvent système limbique.

Son domaine est celui de l'**affectivité**. Il se laisse facilement envahir par les émotions, il est alors imperméable à la logique. Lorsque vous êtes vert de peur, rose de plaisir, rouge de colère, vous êtes en prise avec votre système limbique.

Son rôle essentiel consiste à **filtrer les informations** en fonction des sentiments ressentis. Chaque fois qu'une information est reçue par nos sens, elle transite par le cerveau limbique. Celui-ci la compare avec le stock des informations enregistrées.

Si la comparaison lui rappelle des souvenirs agréables, il transmet volontiers l'information au cortex qui se prépare à agir dans les meilleures conditions. Vous avez, par exemple, réalisé un dossier qui vous a valu des félicitations : vous êtes tout disposé à entreprendre un nouveau travail de ce genre.

Si la comparaison ravive des souvenirs déplaisants, le système limbique se met en position de défense et peut même empêcher le passage. Le cortex ne verra peut-être jamais la couleur de l'information.

Si la comparaison ne réveille aucun sentiment particulier, le système limbique laisse passer mais ne mobilise pas spécialement le cortex. C'est le cas pour les situations de la vie quotidienne.

Le système limbique a pour but, en sélectionnant les informations, de préserver notre équilibre, tant physique que psychique. En ce sens, il est très utile car il nous protège. Il peut cependant constituer un frein. Tout ce qui est inconnu, étranger, lui est a priori suspect et il a tendance à renouveler les expériences favorables. De ce fait, il fonctionne sur des schémas préétablis. Si ces comportements standards sont nécessaires, ils sont parfois limités. Quand la réponse conditionnée l'emporte systématiquement sur la réponse raisonnée, l'individu reproduit toujours les mêmes structures : il ne peut guère aller de l'avant, innover.

«Chat échaudé craint l'eau froide», voilà un proverbe qui s'adapte bien au système limbique[1].

Le cortex

Le cortex ou cerveau supérieur est le dernier dans l'ordre d'apparition ; il nous distingue des autres mammifères. Aussi bien par son volume que par ses fonctions, c'est le cerveau le plus important. Grâce à lui, nous pouvons :

– parler ;
– analyser, classer, combiner, synthétiser des informations ;
– résoudre des problèmes ;
– faire preuve de stratégie, de décision ;
– inventer.

Contrairement aux deux cerveaux précédents, le cortex permet, en présence d'une situation, d'avoir une réponse originale, dégagée des stéréotypes. Il peut agir sur sa propre évolution, corriger ses erreurs, s'adapter, progresser.

Ces trois étages ne sont pas séparés mais superposés.

---

1. C'est un étudiant qui a trouvé cette idée.

4. Conséquences : triptyque pour réussir

Ayez confiance en vous

Pour apprendre, il faut croire en soi, en ses possibilités. L'impact de l'attitude mentale est immense. Souvenez-vous du petit Jacques Eyssette (Alphonse Daudet, *Le Petit Chose*). Ses parents lui répétaient sans cesse qu'il était maladroit, qu'il allait casser la cruche. Il l'a effectivement cassée… Souvenez-vous de cet élève persuadé qu'il était nul en mathématiques : il l'est devenu puisqu'il n'a même plus tenté de comprendre le moindre problème. Les prophéties négatives se réalisent mais, rassurez-vous, les prophéties positives se réalisent encore plus aisément.

Vous êtes maintenant mieux à même de saisir le processus. Vous avez vu que le système limbique ne laissait passer que ce qui convenait. Il a gardé la trace des situations vécues antérieurement et quand une situation nouvelle se présente, il compare[1]. Si le solde est positif, il envoie les informations au cortex qui entre en jeu : toutes les fonctions intellectuelles se mettent à l'unisson pour conduire à terme l'opération. Si le solde est négatif, le programme est retardé, voire inhibé.

Pour briser les structures néfastes et les remplacer par des structures favorables, un seul moyen : relever le défi, obtenir un premier succès dans le domaine où nous éprouvons des difficultés. Comment y parvenir ? Prenons un exemple.

Vous redoutez de faire un exposé en cours ? Entraînez-vous progressivement à prendre la parole. Documentez-vous sur un sujet peu connu de votre entourage que vous avez envie d'approfondir (pourquoi pas le fonctionnement cérébral ?). Un jour, à table, évoquez le sujet en quelques phrases. Vous bénéficierez sans doute d'une écoute attentive qui rassurera votre système limbique. Quelque temps plus tard, chez des amis, développez un peu plus longuement le thème ; répondez aux questions que vous ne manquerez pas de susciter. Peu à peu, vous arriverez à vous exprimer sans crainte devant

1. H. Laborit dans son ouvrage *Les Comportements* (Masson, 1979) parle de B.I.S., Behaviour Inhibiting System, ou Système inhibiteur de comportement.

un auditoire de plus en plus étoffé, vous aurez vaincu votre crainte : le blocage levé, la voie sera libre.

En dehors de toute difficulté, pensez, quelle que soit la discipline étudiée, à vous fixer des **buts proches et réalistes**. Bien souvent, nous doutons de nos possibilités parce que nous avons été trop ambitieux au départ. Si vous lisez 220 mots à la minute, prévoyez d'arriver à 250 mots à l'issue de quelques séances d'entraînement et non à 300 mots !

Bâtissez un plan d'action

Le système limbique a non seulement peur du stress mais de l'inconnu… Se trouver devant une tâche immense sans point de repère lui déplaît profondément. Établissez donc une programmation claire, ponctuée d'échéances précises. Ce contrat avec vous-même vous sécurisera, à condition encore une fois de ne pas brûler les étapes.

Entretenez votre motivation

L'apprentissage dépend en grande partie de votre motivation initiale. Cette motivation ne peut naître que d'un sentiment de plaisir ou, tout au moins, d'attente envers ce que l'on étudie. Aucune difficulté pour les matières que vous aimez. Que faire pour les autres ? Cortex aux commandes, essayez de mettre en évidence l'intérêt de la discipline. Puisque vous ne pouvez l'éviter, dégagez-en les aspects positifs : en quoi est-elle utile dans votre cursus ? Que peut-elle vous apporter ? C'est pourquoi il est primordial d'avoir un **projet** au sens étymologique du terme : «qui est jeté en avant». L'évocation de ce projet vous aidera dans les moments de doute.

Ce projet peut évidemment être la profession que vous voulez exercer à l'issue de vos études. Mais vous n'avez peut-être pas choisi exactement. Votre objectif sera alors la réussite aux examens, votre enrichissement personnel. Si, un jour, vous ne savez plus trop où vous en êtes, demandez conseil à un conseiller d'orientation, à un enseignant, «potassez» les brochures d'information…

Par ailleurs, n'oubliez pas de vous appuyer sur les progrès réalisés. Il existe une Motivation avec un grand M mais aussi des motivations avec des petits m. Parvenir à un but, même de portée limitée, est un puissant facteur de motivation qui vous propulse vers l'étape suivante.

5. L'approche horizontale : cerveau gauche, cerveau droit

Le cerveau, comme une noix, est divisé en deux parties. Ces deux parties, en apparence identiques, semblent avoir chacune leur spécificité comme l'ont montré de nombreuses recherches, en particulier celles du professeur R.W. Sperry, en Californie.

Le cerveau gauche

Le cerveau gauche, ou hémisphère gauche, est le domaine du **langage**, de la parole. C'est lui qui nous permet de désigner une personne ou un objet par son nom, de décrire une situation avec des mots.

Il est le domaine de l'**analyse**, du traitement linéaire, pas à pas. Pour comprendre les informations, ce cerveau les examine une par une : il procède séquence après séquence. De ce fait, le temps est une composante importante pour lui.

Il est le domaine de la **logique**, du raisonnement. Il s'appuie sur les faits qu'il a analysés pour en tirer des conclusions : il déduit.

Par la suite, le cerveau gauche est à l'aise dans les disciplines scientifiques à dominante langagière et rationnelle (mathématiques, physique, etc.).

Le cerveau droit

Le cerveau droit, ou hémisphère droit, est le domaine des **images**, de l'espace. Les mots ont peu d'importance pour lui et il préfère un bon croquis à un long discours.

Il est le domaine de la **synthèse**. Alors que le cerveau gauche sépare les éléments, le cerveau droit combine les éléments pour créer un ensemble. Sa perception est globale. Plutôt que les différences, il voit les ressemblances, les relations, les associations et construit des structures.

Si le cerveau gauche est logique et fait une chose à la fois, le cerveau droit est plutôt **analogique** et traite plusieurs informations en même temps.

Il est le domaine de l'**intuition** créatrice, de l'imagination, de l'émotion.

Par la suite, le cerveau droit préfère les disciplines littéraires et artistiques aux disciplines scientifiques.

Le côté gauche du corps humain est contrôlé par l'hémisphère droit et le côté droit par l'hémisphère gauche. Pour la vision, chaque œil envoie l'information aux deux hémisphères. La moitié gauche du champ visuel est vue par l'hémisphère droit tandis que la moitié droite est perçue par l'hémisphère gauche sur les sujets «normaux».

Cerveau gauche (ou hémisphère gauche)	Cerveau droit (ou hémisphère droit)
auditif	visuel
analytique	synthétique
rationnel	intuitif
logique	analogique
linéaire	global
temporel	spatial
séquentiel	simultané
sensible aux différences	sensible aux ressemblances

Deux cerveaux en interaction constante

Les deux cerveaux représentent deux manières différentes d'appréhender le monde et les autres : le mode gauche et le mode droit.

En général, chacun de nous a un hémisphère qui prédomine sur l'autre. Cette préférence est autant le fait de l'acquis (culture, apprentissage) que de la nature (inné, hérédité). Les différences psychologiques entre individus s'expliquent en grande partie par le mode de fonctionnement cérébral.

Grâce au fonctionnement spécifique de chaque hémisphère, nous avons à notre disposition **deux façons différentes et complémentaires de traiter l'information** :

– un traitement linéaire, analytique, gérant les mots ;
– un traitement global, spatial, gérant les images et les structures.

Dans toute action réussie, les deux cerveaux ont besoin de collaborer. L'un et l'autre sont indispensables pour penser efficacement. C'est leur complémentarité qui permet à l'homme d'utiliser toutes ses facultés et de s'adapter.

Pour que les deux hémisphères jouent pleinement leur rôle, il faut les solliciter. Lors de l'apprentissage d'une opération intellectuelle (ou d'un geste), l'information suit un certain trajet à travers les connexions neuronales[1]. Ce trajet subit peu à peu une empreinte et se stabilise : une structure apparaît. Cette voie neuronale se crée par des pratiques répétées. Les voies les plus parcourues se consolident, les autres tendent à disparaître. Là se trouve le danger. Si, par préférence ou nécessité dans une situation donnée, le cerveau gauche a été utilisé et non le cerveau droit, nous avons tendance, par sécurité, à y faire appel dans des occasions similaires (le système limbique, bien sûr...). En l'absence de sollicitation, le cerveau droit perdra une partie de ses facultés comme un champ non cultivé qui retourne en friche : la voie neuronale s'effacera.

Le système scolaire privilégie l'approche linéaire et analytique. La vogue est aux disciplines scientifiques et non aux disciplines littéraires. Quant aux disciplines artistiques, elles sont reléguées au dernier plan. De ce fait, le cerveau gauche est souvent mobilisé, le cerveau droit reste en sommeil. Quand il s'agit d'opérer une synthèse, de trouver des idées pour une dissertation et, plus généralement, dans tous les cas où le cerveau droit doit prendre le relais, la tâche n'est guère aisée...

6. Conséquences : utiliser tout son cerveau

Partez de votre préférence cérébrale

Vous avez, au début de ce module, effectué un test qui a mis en évidence votre mode de pensée préférentiel : gauche ou droit. Il est important de connaître votre capacité dominante pour y recourir en priorité chaque fois que vous aborderez une notion nouvelle, en particulier si cette notion vous semble complexe.

Si vous fonctionnez sur le mode gauche, vous avez besoin de mots pour comprendre et pour mémoriser. L'ancrage et le rappel des informations se font en évoquant auditivement, en redisant mentalement le contenu du texte

1. Les neurones, nom donné en 1891 par un médecin, Wilhelm Waldeyer, sont les cellules du cerveau. Le nombre des neurones atteint plus de 100 milliards.

ou du cours. Ainsi, avant de tenter de résoudre le problème ou de comprendre le théorème, commencez par décrire la figure géométrique, par la commenter.

Si vous fonctionnez sur le mode droit, vous avez besoin de vous représenter visuellement les informations pour comprendre et pour mémoriser. Les dessins, les schémas, les croquis, les cartes sont pour vous des aides considérables. De même, la disposition matérielle d'un texte, la typographie, les couleurs ont une importance primordiale. L'ancrage et le rappel des informations se font en évoquant visuellement, en revoyant le contenu. Traduisez donc toujours les informations sous une forme gérable visuellement.

Vous pouvez aussi avoir recours à des métaphores, à des images mentales, opérer des rapprochements : «Cela ressemble à…, cela me fait penser à…» ; par exemple, «l'apprenant est comme un appareil de télévision : il peut recevoir l'information par plusieurs canaux mais il préfère généralement un canal plutôt que l'autre».

Vous comprenez maintenant pourquoi j'ai écrit ce livre en utilisant un double langage : le langage des mots pour les cerveaux gauches, les auditifs, le langage des images pour les cerveaux droits, les visuels.

Mais utilisez aussi l'autre mode

Votre cerveau fonctionne préférentiellement sur un mode (droit ou gauche) mais cela ne signifie nullement que vous ne pouvez pas faire fonctionner l'autre. S'il est important de partir de votre hémisphère dominant pour aborder une tâche délicate, il n'en est pas moins important d'entraîner systématiquement l'hémisphère le plus effacé.

Utiliser le double cerveau permet une **meilleure compréhension** et une **meilleure mémorisation**. Il a été prouvé que, plus les voies d'accès à l'information sont nombreuses, plus les acquisitions sont solides. Au moment du rappel, vous disposez de plusieurs possibilités pour retrouver l'information. Dans un cas, c'est une image qui jaillira spontanément ; dans un autre cas, c'est un mot, une phrase.

En tout état de cause, utiliser le double cerveau permet de découvrir de nouvelles stratégies, de nouvelles ressources et, ainsi, **d'exploiter pleinement son potentiel intellectuel** et de s'épanouir.

Comment activer le cerveau total – applications pratiques

Prenons le cas de l'étude d'un cours. Pensez à redire et revoir mentalement, à revoir et redire dans une dialectique constante cerveau droit – cerveau gauche. Vous êtes en présence d'un graphique. Observez-le, puis faites-le parler : commentez-le, écrivez une courte phrase résumant les principales informations. Vous êtes en présence d'un texte ? Après l'avoir lu, traduisez-le par un schéma, visualisez-le. Si vous découvrez un mot nouveau (en français ou dans une autre langue), fermez les yeux et revoyez-le, puis épelez-le, prononcez-le.

Dans la vie quotidienne, mobilisez simultanément le cerveau gauche et le cerveau droit. Vous êtes organisé, vous planifiez ? Gardez ces qualités mais, de temps à autre, lâchez la bride à votre imagination, laissez parler votre intuition, partez à l'aventure, faites une action inhabituelle. Vous êtes inventif, créatif ? Préservez aussi soigneusement ces qualités mais, une fois n'est pas coutume, établissez un plan de travail, mettez un peu d'ordre dans vos papiers, écrivez au lieu de téléphoner.

Bref, souvenez-vous...

- L'hémisphère gauche permet la compréhension et la mémorisation grâce au sens auditif. Les informations sont gérées verbalement.
- L'hémisphère droit permet la compréhension et la mémorisation grâce à la vue : les informations sont gérées visuellement.
- Ménagez-vous, après toute lecture de travail, un temps d'évocation mentale, auditive ou visuelle.
- Utilisez l'hémisphère gauche *et* l'hémisphère droit : vous multiplierez vos chances de compréhension, de mémorisation.
- Plus on apprend, plus on peut apprendre. Le phénomène est cumulatif, exponentiel. L'effet va en s'amplifiant. À l'opposé, un cerveau non sollicité perd peu à peu ses facultés.
- Le cerveau limbique enregistre et compare : l'échec entraîne l'échec, la réussite entraîne la réussite.
- L'apprentissage ne peut s'effectuer sans pratique répétée, sans exercices d'application.

ENTRAÎNEMENT

Objectif : assimiler les notions de ce module afin de mieux vous connaître.

Exercice 1

Recherchez, dans votre expérience personnelle, des exemples de situation où sont intervenus :

– le cerveau reptilien ;

– le cerveau limbique ;

– le cortex gauche (ou cerveau gauche) ;

– le cortex droit (ou cerveau droit).

Exercice 2

Vrai ou faux ? Cochez votre réponse.

1. Le cerveau reptilien a disparu.	V ❑	F ❑
2. Le cortex est le cerveau le plus récent.	V ❑	F ❑
3. Le cerveau limbique peut bloquer la réflexion.	V ❑	F ❑
4. Le cerveau limbique nous évite les «électrochocs».	V ❑	F ❑
5. Les graffitis sur les murs sont une manifestation du cortex.	V ❑	F ❑
6. Le stress peut être surmonté grâce au cortex.	V ❑	F ❑
7. Quand vous agissez sur un coup de tête, votre cortex intervient.	V ❑	F ❑
8. Les réflexes sont commandés par le cerveau reptilien.	V ❑	F ❑
9. Les automatismes relèvent du cortex.	V ❑	F ❑
10. C'est grâce au cortex que nous parlons.	V ❑	F ❑

Nombre de réponses exactes : ....

Exercice 3

Cochez la case correspondant à votre réponse[1].

	CG	CD
1. Réceptif à tout ce qui est objectif		
2. Fait plusieurs choses à la fois		
3. Critique		
4. Voit des ensembles		
5. Créatif		
6. Ordonné		
7. Réceptif au qualitatif		
8. Aime les métaphores		
9. Spatial		
10. Réceptif au quantitatif		
11. Verbal		
12. Aime les chiffes		
13. Intuitif		
14. Remarque les détails		

Nombre de réponses exactes : ....

Exercice 4

Recherchez le maximum de métaphores.

1. Si le cerveau reptilien était une chose, il serait ....
2. Si le cerveau reptilien était une personne, il serait..
3. Si le cerveau limbique était une chose, il serait ....
4. Si le cerveau limbique était un animal, il serait ....
5. Si le cerveau limbique était une personne, il serait ....

1. CG = cerveau gauche, CD = cerveau droit.

6. Si le cerveau gauche était une chose, il serait ....
7. Si le cerveau gauche était une profession, il serait ....
8. Si le cerveau gauche était un détective connu, il serait ....
9. Si le cerveau droit était une chose, il serait ....
10. Si le cerveau droit était une profession, il serait ....
11. Si le cerveau droit était un détective connu, il serait ....

LE MODULE EN SCHÉMAS

Schéma 1 : le cerveau limbique

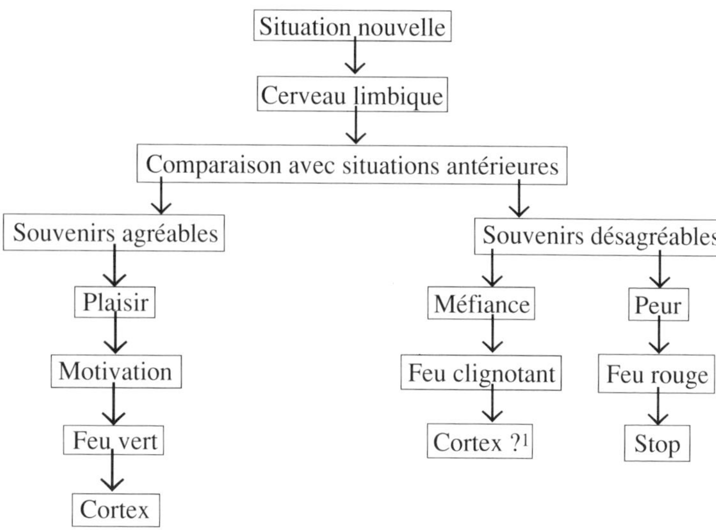

1. Le passage au cortex se fera si vous levez les blocages. Dans tous les cas, même en cas de feu rouge, vous êtes maître d'œuvre, mais il vous faudra une attitude volontariste pour imposer votre décision. Pas de défaitisme !

Schéma 2 : les conditions de la réussite

Le cerveau ne peut aller nulle part s'il ne sait pas

- où il va
  - définissez précisément l'*objectif* visé, le niveau de *performance*, le *volume* à à couvrir.
- pourquoi il y va
  - dégagez l'*intérêt* : situez la place de la discipline dans votre cursus, dans vos projets d'avenir.
- par où il va passer
  - préparez un *itinéraire* avec des *points de repère*, pensez aux *méthodes* que vous utiliserez.

Schéma 3 : cerveau gauche, cerveau droit

Hémisphère gauche	Hémisphère droit
1 toit + des murs + des fenêtres + des portes… = une maison (mot)	 = une maison (image)

MODULE 1 : MULTIPLIER SON POTENTIEL DE LECTURE

La lecture est au centre du travail intellectuel, elle conditionne la réussite des études. On a constaté, dans différentes universités, que les étudiants qui échouaient à leurs examens de première année avaient une moins bonne maîtrise de la lecture que ceux qui réussissaient.

Acquérir une lecture active, dynamique, rapide, en un mot performante, tel est le but de ce module qui vous propose le parcours suivant :
– mettre à jour vos représentations sur la lecture ;
– faire le point à l'aide d'un test qui vous permettra de mesurer vos performances (vitesse de lecture, compréhension, efficacité) ;
– découvrir les processus mis en jeu dans l'acte de lire ;
– développer différentes capacités intervenant dans la conquête d'une lecture maîtrisée (anticipation, précision et habileté visuelles, rapidité).

1. La lecture dévoilée

QUESTIONNAIRE : VOUS ET LA LECTURE

Que pensez-vous des affirmations suivantes ? Cochez la case correspondant à votre réponse (en évitant le plus possible NSP = Ne Sais Pas).

À la fin du module, vous reviendrez à ce questionnaire. Serez-vous toujours du même avis ?

	V	F	NSP
1. On doit lire un mot à la fois.			
2. En lisant vite, on ne peut pas comprendre ce qu'on lit.			
3. En lisant vite, on mémorise plus difficilement.			
4. Chaque individu possède une vitesse moyenne de lecture à laquelle il doit se tenir.			
5. On ne doit jamais sauter de paragraphes ni de pages.			
6. Le mieux, quand on commence la lecture d'un ouvrage didactique ou d'un cours, c'est de commencer au premier mot.			
7. Quand on ne comprend pas un mot, il faut immédiatement recourir au dictionnaire.			
8. Les retours en arrière dans la lecture sont une bonne technique pour comprendre.			

BILAN DE DÉPART : OÙ EN ÊTES-VOUS ?

Lisez le texte qui suit, à votre rythme habituel. Répondez ensuite aux questions sans revenir au texte.
Notez l'heure exacte (minutes, secondes) au début et à la fin de la lecture du texte ou mieux, utilisez un chronomètre.

Top chrono...

L'importance des premiers livres de lecture

L'une des choses essentielles, et aussi les plus difficiles, que tout être humain doit apprendre, est à se connaître lui-même et à savoir comment se comporter avec les autres. Cela signifie qu'il doit apprendre à établir des prévisions justes en ce qui concerne son comportement ou celui d'autrui. Les personnes avec lesquelles l'enfant devra tout d'abord apprendre à s'accorder sont son père et sa mère. On pourrait donc s'attendre à ce que ses premiers livres de lecture lui apprennent à prévoir d'une façon réaliste les attitudes de ses parents et leurs interactions avec lui et entre eux.

Mais alors que les parents jouent un rôle important dans les manuels de lecture, les histoires ne présentent jamais des circonstances où le père et la mère sont en désaccord. Cela dit à l'enfant, ou bien que les histoires ne sont pas vraies et qu'elles ne méritent pas d'être lues, ou bien que les parents sont anormaux, parce qu'ils se disputent de temps en temps. En réalité, les enfants ont besoin d'apprendre que les gens peuvent avoir des opinions différentes – et même se disputer – et néanmoins vivre heureux ensemble, et d'apprendre aussi qu'il est préférable d'exprimer ses dissensions plutôt que de nier leur existence.

Dans ces histoires qui ont la famille pour thème, la mère est toujours prête à aller se promener et à jouer ; elle n'est jamais préoccupée par les travaux ménagers. Si elle travaille hors de la maison, elle n'a pas de problème : elle semble avoir un temps et une énergie illimités pour s'occuper de l'enfant et du ménage. De même, dans ces histoires, le père n'est jamais fatigué et n'a pas besoin de se reposer quand il rentre de son travail. L'enfant est ainsi amené à conclure que son père et sa mère ne sont pas de bons parents, puisqu'ils ne se conduisent pas comme ceux des livres. Ses parents, en effet, se comportent comme des êtres humains qui sont parfois fatigués, préoccupés ou même irrités quand ils vaquent aux corvées de la maison, ce qui est à l'extrême opposé des personnages qui sont dépeints dans le livre.

De bien des façons, les manuels de lecture illustrés proposent comme désirables et habituels des foyers et des modèles de comportement qui sont en totale contradiction avec l'expérience quotidienne de l'enfant. En conséquence, ou ces textes et ces images dressent l'enfant contre les réalités de la vie, ou ils lui font croire qu'il ne peut pas compter sur les livres pour savoir la vérité.

Avec ces premiers livres, si nous voulons vraiment persuader nos enfants qu'il est important d'apprendre à lire, nous devons nous assurer qu'ils ne prennent pas trop au sérieux le matériel de lecture que nous leur imposons ; autrement, ils en concluraient que la lecture ne leur fournit que de fausses informations. Par exemple dans ces histoires, quand les enfants ont des accidents, ce qui arrive de temps en temps, ils ne se comportent jamais comme s'ils étaient blessés, effrayés, ou comme s'ils étaient en colère. Tout ce qui leur arrive est toujours très amusant. Des histoires de ce genre ne préparent pas les enfants à affronter avec succès l'adversité et ne leur montrent pas qu'ils peuvent tirer de la lecture des informations exactes.

Beaucoup d'histoires racontent aussi combien les enfants sont heureux quand un nouveau-né arrive dans la famille.

Il y a beaucoup de chances pour que l'enfant qui lit ces histoires soit jaloux du bébé qui vient faire intrusion dans sa propre maison. Mais à cause des images qu'il se crée à partir de ce qu'il a lu, ou bien il ne croit pas l'histoire, ou bien il ne sait plus où il en est avec ses propres sentiments. En réalité, ces premiers livres de lecture présentent une image adulte de ce que le monde devrait être, et non pas ce qu'il est en réalité.

L'enseignement est fondé sur la sécurité affective ; l'enfant qui ne se sent pas en sécurité, l'enfant perturbé sont de mauvais élèves. Si les images fausses de ses livres de lecture lui donnent l'impression que ses sentiments ne sont pas en harmonie avec ce que la société attend de lui, l'enfant sera incapable de bien apprendre. Presque tous les sentiments qui sont décrits dans nos premiers livres de lecture sont positifs et nettement tracés ; ils ne sont presque jamais mitigés et vraiment négatifs. Affirmer que tous les enfants sont jaloux de leurs frères et sœurs est aussi irréaliste que de dire que tous les enfants aiment le bébé qui vient de naître dans leur foyer. La plupart d'entre nous, quand nous étions enfants, étions partagés entre les deux sentiments : nous aimions le nouvel enfant, mais en même temps nous lui en voulions de se mettre en travers de notre route. Si seulement nos livres de lecture décrivaient d'une façon réaliste les attitudes de l'enfant vis-à-vis du nouveau venu, ils pourraient l'obliger à réfléchir et le convaincre qu'en apprenant à lire, il peut gagner quelque chose d'important.

Bruno Bettelheim, *Survivre*, éd. Laffont (1979).

... Top chrono

Questions

Entourez la ou les réponses exactes par rapport au texte :

1. Que devrait apprendre le livre aux enfants ?
a. à connaître les gestes élémentaires de survie ; **b.** à connaître les réactions de leurs parents ; **c.** à connaître le monde qui les entoure.

2. Quel est le principal reproche de l'auteur envers les livres pour enfants ?
a. le manque d'illustrations ; **b.** la difficulté du style et du vocabulaire ; **c.** la discordance entre les livres et la réalité.

3. Quels sont les exemples fournis par l'auteur pour illustrer sa thèse ?
a. les accidents ; **b.** les vacances ; **c.** les désaccords entre les parents ; **d.** les amitiés entre enfants ; **e.** la naissance d'un autre enfant ; **f.** la mort ; **g.** la disponibilité des parents ; **h.** la séparation des parents.

4. À la lecture de ses premiers livres, l'enfant peut avoir deux réactions, lesquelles ?

a. il risque de se rebeller contre la réalité ; **b.** il risque de penser qu'il n'arrivera jamais à lire ; **c.** il peut penser que la lecture est une activité passionnante ; **d.** il peut en déduire que les livres sont trompeurs.

5. L'auteur souligne que, pour apprendre, l'enfant a besoin :
a. de se trouver dans un groupe ; **b.** de sécurité affective ; **c.** de récompenses.

6. Les sentiments, dans les livres pour enfants, sont :
a. négatifs ; **b.** mitigés ; **c.** positifs.

Évaluation

• *Comment calculer la vitesse de lecture ?*
– Calculez le temps de lecture.

– Le texte comporte 829 mots. Calculez le nombre de mots lus en une minute : vous obtenez votre vitesse de lecture.
Exemple :
Vous commencez à lire à 10 h 13 mn, vous finissez à 10 h 15 mn 20 s. Votre temps de lecture est 2 mn 20 s (140 secondes). Votre vitesse de lecture est :

$$\frac{829 \times 60}{140} = 355 \text{ mots/minute}$$

• *Comment calculer la compréhension – mémorisation ?*
Attribuez-vous 1 point par réponse exacte.

• *Comment calculer l'efficacité de lecture ?*
Nous verrons qu'un lecteur performant lit vite et comprend bien. L'efficacité permet d'établir une relation entre la vitesse et la compréhension. Pour la mesure, multipliez le score de vitesse par le score de compréhension et divisez par 10 (il y a 10 réponses à fournir).
Exemple :
Vous lisez 355 mots à la minute, vous avez 6 réponses exactes au questionnaire. Votre efficacité est :

$$\frac{355 \times 6}{10} = 213$$

Scores
Vitesse : … mots/minute
Compréhension – mémorisation : …
Efficacité : …

• *Points de repère pour la vitesse de lecture*
– Lecteur lent : moins de 200 mots/minute.
– Lecteur moyen : 240 mots/minutes.
– Lecteur rapide : à partir de 400 mots/minute.
Avec un peu d'entraînement, vous pourrez atteindre 900 mots à la minute.

1.1 Comment lit-on ?

Comment lit-on ou, en d'autres termes, comment construit-on du sens à partir de signes écrits ?

Les indices mettent sur la piste
Dans l'ensemble d'une lecture courante, vous lisez une grande partie des textes sans décomposition ni analyse. Pour comprendre ce qui se passe, complétez cette phrase :

«Il faisait une chaleur torride ; le voyageur, assoiffé, demanda un autre.................... d'eau.»

Vous avez, sans hésiter, restitué le terme manquant, «verre». Qu'est-ce qui vous a mis sur la voie ?
– des **indices de sens** donnés par le contexte. Ce qui précède vous a conduit à attendre «verre» plutôt que «ballon», «lit», «cheval»... ;
– des **indices syntaxiques** : le déterminant masculin «un» vous a fait éliminer tous les substantifs féminins ; ainsi, le terme «boisson» qui, pour le sens, aurait pu convenir ;
– des **indices fournis par l'organisation de la phrase** : le lecteur s'attend à ce que l'écrit se présente selon une certaine structure : après un sujet, un verbe ; après un article, un nom ou un adjectif, etc. Vous avez donc, dans le cas présent, rejeté certaines catégories de mots : verbes, adverbes...

Dans une lecture normale, portant sur un texte complet (sans «trou»), un autre indice intervient :
– la **silhouette des mots.** Avant même de découvrir un mot, vous apercevez déjà le dessin formé par les lettres : mot court, mot long, mot présentant plusieurs signes dépassant la ligne vers le haut... Avant de voir, vous avez entrevu.

Tous ces indices – indices de sens, indices syntaxiques, indices organisationnels, indices perceptifs – vous permettent de prévoir ce qui va suivre. Ils vous conduisent à opérer un choix très rapide, non conscient, que la lecture ne fait, dans la plupart des cas, que confirmer. La démarche du lecteur entraîné s'élabore en trois temps :

Premier temps : à partir du titre, de la mise en page, le lecteur émet ses premières hypothèses sur le contenu du texte. Le cerveau droit est, ici, au premier plan. Par exemple, le lecteur se dit : «Ce texte est un article de magazine sur la télévision et les jeunes. Les mots "programme", "feuilleton", "film" risquent d'apparaître». Avant même d'avoir lu, son esprit est déjà préparé à trouver tel ou tel mot et opère un tri entre la multitude des termes possibles.
Deuxième temps : le lecteur vérifie ses hypothèses par la lecture, le cerveau gauche est, ici, sollicité en priorité. Le mot à lire comporte plusieurs syllabes et présente, dans sa silhouette, plusieurs lettres dépassant la ligne vers le haut : ces particularités lui permettent de distinguer sans hésiter le terme «feuilleton» et non «film» ou «programme», autres termes attendus. Il n'aura pas besoin de s'assurer qu'il s'agit de «feuilleton» et non de «feuilleter», ce dernier terme ayant peu de chance de figurer dans l'article.
Troisième temps : le lecteur vérifie ses hypothèses et sa lecture à l'aide du sens. Pour valider le mot lu, il faut, d'une part, que celui-ci convienne dans la phrase et, d'autre part, qu'il ne soit pas en contradiction avec les connaissances du lecteur. Ainsi, la phrase : «Un lapin aux plumes étincelantes traversa la cour de la ferme» est incompatible avec ce que nous savons de cet animal à poils et ne peut être acceptée (sauf dans un livre de fiction).

Lire : un échange constant entre l'écrit et le lecteur
Lire ne consiste donc pas seulement à identifier et à combiner des lettres, ce n'est pas seulement non plus suivre une chaîne de mots, c'est faire intervenir ses connaissances. Il se produit un mouvement constant de va-et-vient entre l'écrit et le lecteur.

Plus le lecteur sait utiliser ce qu'il a «derrière l'œil», moins il a besoin d'informations visuelles pour identifier lettres ou mots. Cet échange entre informations visuelles et non visuelles est déterminant pour parvenir à une lecture aisée. Celui qui fait essentiellement appel à ce qui est écrit surcharge son système visuel, il lit «en tunnel» et parvient moins facilement à la compréhension. En revanche, le lecteur qui mobilise ses connaissances, qui tient compte du contexte, va au-devant des mots : il peut se contenter de les effleurer, il n'a pas besoin de s'y attarder : sa lecture en est facilitée.

1.2 Le rôle des deux cerveaux dans la lecture

Le décodage mot à mot représente la tendance la plus répandue car elle correspond à l'enseignement reçu. Cette analyse pointilliste de l'écrit, conséquence de la manière dont nous avons appris à lire, interpelle essentiellement le cerveau gauche. Le lecteur, nous l'avons vu, risque, dans ce cas, l'enlisement.

Une autre tendance, opposée à la précédente, consiste à élaborer des hypothèses sans procéder à leur vérification ; le lecteur devine alors à peu près, lit un mot pour un autre. Il fait, lui, principalement appel à son cerveau droit. Cette manière de procéder conduit évidemment à de fausses manœuvres, lourdes de conséquences, lorsque le lecteur est en présence d'un texte qui requiert une saisie précise : le libellé d'un sujet en est l'exemple le plus frappant. **Le lecteur véritablement habile est celui qui fait interagir cerveau gauche et cerveau droit.** Reportez-vous p. 55.

Dans le premier cas, priorité au cerveau gauche, le traitement est ascendant : du texte au lecteur ; dans le deuxième cas, priorité au cerveau droit, le traitement est descendant : du lecteur au texte ; dans le troisième cas, intervention conjointe du cerveau gauche et du cerveau droit, le traitement est interactif : texte – lecteur, lecteur – texte.

Traitement descendant — Traitement ascendant — Traitement interactif

Seul le lecteur qui combine ce qu'il sait et ce qu'il voit, qui mobilise donc stratégies visuelles et intellectuelles grâce à l'interaction dynamique des

deux cerveaux est un lecteur véritablement efficace. Mieux lire, c'est mieux voir et mieux pré-voir. Pour cela, il est nécessaire d'exercer :
– **ses capacités intellectuelles** : anticipation, formulation d'hypothèses ;
– **ses capacités perceptives** : vision précise, panoramique, agile.

Bref, souvenez-vous…

- Lire = combiner, de manière interactive, deux sources : informations visuelles (texte) et informations cognitives (connaissances stockées par le lecteur).
- Le lecteur passif subit le sens, le lecteur actif produit le sens.

2. Lire avec une longueur d'avance

2.1 Un esprit prêt à anticiper

Le chapitre précédent a souligné le rôle de l'anticipation. Celui qui se prépare à rencontrer les mots les identifie beaucoup plus aisément. Comment développer sa capacité d'anticipation ? Point n'est besoin de multiplier les exercices, je vous en proposerai d'ailleurs très peu, l'important se passe… avant la lecture. En effet, pour engager une lecture active, participante, en particulier lorsque vous lisez pour étudier, le temps de «mise sur orbite» est essentiel. Au cours de ce temps **t-1**, vous passerez par cinq démarches.

2.2 Le temps de mise sur orbite

1. **Délimitez la quantité à lire.** Si vous étudiez un manuel, un cours, utilisez des marques pour matérialiser le domaine à couvrir.
2. **Décidez combien de temps vous allez y consacrer.** Un temps limité est mieux utilisé et aide à soutenir l'attention.
3. **Définissez** ou redéfinissez **votre projet de lecture.** Pourquoi allez-vous lire ce texte, ce chapitre, ce cours ? En quoi est-il important pour vous d'en prendre connaissance ? Qu'attendez-vous de lui ? Au besoin, pour bien fixer

le contrat entre l'écrit et vous, notez votre objectif en une phrase. En tout état de cause, votre motivation sera stimulée.

4. **Mobilisez vos connaissances.** Il est très rare que vous ne sachiez rien sur un sujet. Pensez à ce que vous avez lu, vu, entendu et vous constaterez que la mémoire emmagasine beaucoup plus d'informations que vous ne le soupçonniez.

5. **Attardez-vous quelques instants sur le titre du livre**, du chapitre, du texte : quelles indications vous donne-t-il ? De quoi va-t-il être question ?

Ces démarches ont pour but d'éviter la crainte de l'inconnu, l'impression accablante de se trouver devant une tâche impressionnante, sentiment redouté du système limbique. En vous sécurisant, elles permettent au cortex de fonctionner à plein régime. De plus, ayant fait le tour de ce que vous savez et de ce que vous attendez de votre lecture, votre curiosité est éveillée, votre attention, aiguisée.

Vous êtes dans les meilleures conditions pour anticiper.

Bref, souvenez-vous...

- Anticiper au cours d'un sport, c'est prévoir les gestes de l'adversaire.
- Anticiper au cours d'une lecture, c'est prévoir le contenu du texte.
- Dans les deux cas, anticiper est un facteur de succès.

ENTRAÎNEMENT

Objectif : exercer votre faculté d'anticipation.

1. Prenez connaissance du titre du texte ci-dessous : quel est le thème traité ?
2. Lisez une première fois le texte jusqu'au bout sans vous préoccuper des «trous».
3. Complétez les mots manquants.

Les magasins à grande surface : une apparence de liberté

Dans les temples du libre-service, la liberté est singulièrement réduite malgré les apparences.

Dès l'entrée, le client .... [1] obligatoirement à droite et s'empare d'un .... [2] profond (contenance : jusqu'à 170 litres) non moins .... [3]. Péremptoire, une pancarte affirme : «Plein caddie aux .... [4] prix».

Supposons qu'une cliente vienne acheter un ....[5] pot-au-feu et un paquet de riz. Ces .... [6] dits de première nécessité se trouvent souvent .... [7] fond du magasin, voire au sous-sol. Dans .... [8] grandes surfaces, on en trouve facilement le .... [9] en consultant les pancartes lisibles, en parcourant .... [10] allées spacieuses. Mais ailleurs, aux pancartes fonctionnelles .... [11] mêlent quantité d'autres, qui vantent telle marque, ... [12] bonne affaire. Et comment parcourir ces allées .... [13] de présentoirs, de tourniquets qui, aux heures .... [14] pointe, bloquent comme à dessein la .... [15] ? Souvent, dit-on, le fabricant paie au .... [16] l'emplacement de son produit et sa mise .... [17] valeur. Pour cela, il y a tout .... [18] art, la PLV (promotion sur le lieu .... [19] vente) qui consiste à exposer, en haut, ... [20] avant ou en travers, l'article qui doit «...............» [21].

L'emballage doit, le premier, accrocher le regard, ... [22] possible, avec une photo en couleurs qui .... [23], non pas le riz que cherche notre .... [24], mais une somptueuse paëlla ornée de crevettes .... [25] (qui ne sont pas dans le paquet). L'................. [26] préfigure ainsi magiquement le plat tout préparé. .... [27] défaut de vendeur, c'est l'emballage qui engage .... [28] le client un dialogue immédiat et saisissant.
.... [29] suremballage est à la mode. Le .... [30] le prend, paraît-il, pour un hommage qu'on lui .... [31], qui lui est dû. C'est emballé .... [32] inviolé. Mais les penseurs de la PLV .... [33] que la sensation tactile est décisive et .... [34] toucher, c'est posséder d'avance, en raccourci. Hygiénique, l'emballage-film .... [35] donc à deux désirs contradictoires.

On sait .... [36] que chaque couleur représente différentes choses selon .... [37] sexes, les classes sociales et les produits. .... [38] nombreuses marques adoptent la combinaison rouge .... [39] jaune. Des ménagères appelées à «tester» trois lessives .... [40] ont jugé «plus efficace» celle qui se .... [41] dans un paquet jaune et bleu. Les .... [42] neutres, froides, métalliques séduisent davantage les classes .... [43] : on les trouve donc sur les étiquettes .... [44] whisky.

Mais l'argument-massue de la grande .... 45, c'est l'abondance. Quand la «gondole» regorge d'un .... 46, on en achète 22 % de plus .... 47 lorsqu'il y a des «trous» sur le .... 48. Le gigantisme même de la .... 49 surface (jusqu'à 20 000 m²) témoigne aussi de l'abondance. «.............. 50 produits endoctrinent» s'exclamait un rescapé des grandes surfaces.

Anne Guérin, *Le Monde*, octobre 1975.

Score : ...... % (2% par mot exact.)

3. Acquérir un œil précis

3.1 Une identification globale

Imaginons que vous soyez dans une gare et que vous attendiez un ami. Le train arrive : les voyageurs descendent et se pressent vers la sortie. Comment distinguez-vous votre ami ? Parce qu'il a les cheveux frisés ? Parce qu'il porte des jeans ? Parce qu'il mesure telle ou telle taille ? Il est très probable que vous n'analysez pas tous ces détails. D'autres personnes peuvent d'ailleurs présenter les mêmes particularités. Vous le reconnaissez d'un seul coup d'œil parce que c'est lui et pas un autre.

Le lecteur habile procède de la même manière. Il reconnaît les mots à leur allure et n'a pas besoin d'examiner le dessin de chaque lettre. Les mots, comme les personnes, peuvent avoir des points communs mais chaque mot, comme chaque individu, forme un ensemble unique qui permet de l'identifier sans se tromper.

«Reconnaître les mots à leur gréement, comme le matelot reconnaît les navires[1]» est, selon Alain, une des caractéristiques du vrai lecteur. Ce dernier, en effet, utilise essentiellement un mode d'approche globale. C'est ce qui lui permet d'accéder plus aisément au sens, sa mémoire de travail[2]

1. Alain, *Propos sur l'éducation*, P.U.F., 1978.
2. La mémoire de travail est la mémoire qui nous permet de nous souvenir des premiers mots d'une phrase alors que nous en lisons les derniers.

n'étant pas saturée par des éléments non signifiants : lettres ou syllabes. Il n'a recours au décodage qu'en présence de mots inconnus.

3.2 Une identification précise

Pour lire sans hésitation, pour distinguer un mot parmi d'autres mots qui lui ressemblent, il est toutefois nécessaire que le lecteur possède une perception fine. L'exactitude de la saisie visuelle joue un rôle important : elle permet d'éviter les confusions de mots dont les conséquences sont fâcheuses. Celles-ci obligent en effet à revenir en arrière, à explorer deux fois la même phrase avant de la comprendre.

Renforcer votre précision visuelle, c'est ce à quoi vous allez vous exercer dans les gammes d'exercices qui suivent.

ENTRAÎNEMENT

Comment pratiquer l'entraînement visuel ?

Les séances d'entraînement doivent être courtes (pas plus de 15 à 20 minutes), denses, fréquentes.
Tout comme un temps de musculation ou d'échauffement précède la pratique d'un sport, l'entraînement précédera une situation de lecture (pour vos études, pour votre détente...) dans laquelle vous mettrez en œuvre les techniques découvertes.
Les exercices précédés d'un astérisque (*) sont à effectuer deux fois au moins, à quelques semaines d'intervalle. Vous vous fixerez comme objectif de gagner en précision et en rapidité. Afin de pouvoir effacer et, ainsi, renouveler les exercices, utilisez un crayon à papier.

Première série

Objectif : développer la précision visuelle.

Photographiez du regard le premier mot cible («volonté») et gardez-en l'image mentale. Parcourez ensuite rapidement la grille et cochez ce mot chaque fois que vous le rencontrez. Continuez de même pour les autres mots.

* *Exercice 1*

Top chrono...

volonté politique relation bouche journal

	A	B	C	D
1	vérité	polémique	journée	faculté
2	signal	velouté	volontaire	novation
3	douche	polycopie	pacifique	relation
4	quintal	bouche	boucher	poétique
5	mouche	journaliste	psychique	souche
6	politicien	société	politesse	journalier
7	volontiers	central	volonté	bouche
8	réaction	bouchée	fiscal	national
9	cloche	réalité	relier	politique
10	ration	touche	double	rédaction
11	journal	bouchon	relation	louche
12	réalité	relatif	politiser	relief

... Top chrono

Temps mis : ... Nombre d'erreurs : ... Nombre d'oublis : ...

* *Exercice 2*

Top chrono...

livre danger repérer considérable information

	A	B	C	D
1	lire	informatif	repérer	invariable
2	ranger	contribuable	inexorable	indication
3	réparer	repère	givre	livre
4	vivre	information	libérer	informateur
5	lèvre	convenable	suivre	initiation
6	innovation	inflation	rive	concevable
7	bouger	titre	vénérer	inséparable
8	vitre	danger	livre	refuser
9	répéter	reporter	respirer	considérable
10	confortable	infiltration	danser	manger
11	informatique	espérer	comparable	déraper
12	changer	inhibition	venger	contestable

... Top chrono

Temps mis : ... Nombre d'erreurs : ... Nombre d'oublis : ...

Deuxième série

Objectif : développer la précision visuelle et la dextérité intellectuelle.

À chaque mot de la série A correspond, dans la série B, un mot qui signifie le contraire. Trouvez-le rapidement.

* ***Exercice 1***

Top chrono...

Série A : 1. obscurité – 2. disperser – 3. féliciter – 4. économiser – 5. insignifiant – 6. importer – 7. créditer – 8. autoriser – 9. inspirer – 10. effrayer.

Série B : débuter ❑ – intervenir ❑ – entretenir ❑ – escorter ❑ – important ❑ – exhorter ❑ – clamer ❑ – excepté ❑ – blesser ❑ – débiter ❑ – concerter ❑ – charité ❑ – exploser ❑ – concentrer ❑ – blesser ❑ – exhorter ❑ – interposer ❑ – exprimer ❑ – intermède ❑ – exposer ❑ – explorer ❑ – exporter ❑ – gaspiller ❑ – interpréter ❑ – dilater ❑ – expirer ❑ – limiter – clarté ❑ – rappeler ❑ – expliquer ❑ – rassurer ❑ – blâmer ❑ – rationner ❑ – conduire ❑ – interdire ❑ – concerner ❑ – comité ❑.

... Top chrono

Temps mis : ... Nombre de réponses exactes : ...

* ***Exercice 2***

Top chrono...

Série A : 1. aride – 2. ouvrir – 3. adversaire – 4. rétrécir – 5. rigidité – 6. implicite – 7. succès – 8. scepticisme – 9. nonchalant – 10. haïr.

Série B : fermeté ❑ – subtil ❑ – former ❑ – partisan ❑ – primer ❑ – acteur ❑ – hostile ❑ – férié ❑ – neutralité ❑ – partager ❑ – exposer ❑ – expliquer ❑ – illicite ❑ – écho ❑ – partial ❑ – électoral ❑ – habileté ❑ – élasticité ❑ – insolite ❑ – fermer ❑ – primer ❑ – actif ❑ – natif ❑ – agir ❑ – explicite ❑ – exploiter ❑ – tactile ❑ – oisif ❑ – crédulité ❑ – aimer ❑ – crédibilité ❑ – élection ❑ – élargir ❑ – utile ❑ – fertile ❑ – éclat ❑ – échec ❑.

... Top chrono
Temps mis : ... Nombre de réponses exactes : ...

4. Acquérir un œil panoramique

4.1 Fixation – déplacement – fixation – déplacement

Savez-vous comment procèdent les yeux lorsqu'ils lisent ? Dès le début du siècle, en 1905, un chercheur français, Emile Javal, directeur du laboratoire d'ophtalmologie à la Sorbonne, a étudié les mécanismes de la perception au cours de l'acte de la lecture. Il a montré que l'œil ne progresse pas de façon continue le long de la ligne d'un texte, comme un train sur des rails, mais se déplace par bonds, par sauts. Pendant un temps très court, l'œil est immobile et fixe un ensemble de lettres ou de mots, puis il pivote en un temps beaucoup plus court, puis fixe de nouveau un ensemble de lettres ou de mots et ainsi de suite...

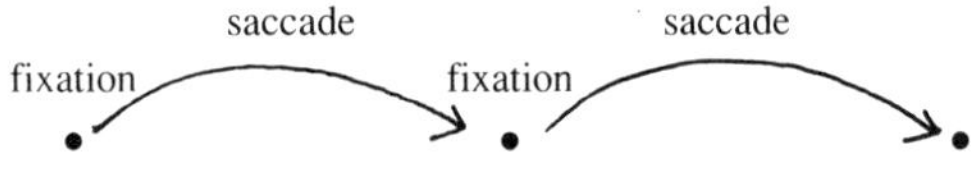

C'est la succession rapide des saccades et des fixations, associée à la persistance des images rétiniennes, qui donne l'impression de continuité. Le processus est le même que lorsque nous regardons un film.

Durant les saccades ou déplacements, la vision est très amoindrie, sinon nulle. Une preuve ? Essayez de lire le nom d'une gare à partir d'un train en marche... Ainsi, **l'œil ne perçoit qu'en état d'immobilité.**

Depuis 1905, les techniques d'enregistrement des mouvements oculaires, se sont, certes, perfectionnées. Les recherches récentes n'ont pas remis en cause les travaux de Javal, elles ont simplement permis une analyse plus fine. Que nous apprennent-elles ?

La durée des déplacements est constante : 35 millisecondes et **leur amplitude est variable**, avec une moyenne de huit à dix caractères.

Chez le lecteur novice, les déplacements ont une amplitude plus courte que chez le lecteur chevronné.

La durée des fixations est un peu moins constante : 100 à 500 millisecondes, avec une moyenne autour de 225 millisecondes. Plus le lecteur possède d'expérience, plus la fixation est courte.

Quant à **l'amplitude des fixations**, elle **est très variable**. Le champ visuel, c'est-à-dire le nombre de caractères saisis au cours d'une fixation, va en effet de 2 à 25, voire 30 signes. C'est là un point capital. Avant d'en explorer les conséquences, distinguons cependant ce qui, dans cette trentaine de signes, est vu distinctement et ce qui est plutôt perçu.

4.2 Deux zones de vision complémentaires

Les informations captées par l'œil lors des temps de fixation sont dirigées vers la rétine. Or, la rétine n'a pas le même pouvoir de discrimination dans toutes ses parties. Du centre de la rétine, la fovéa, à sa périphérie, l'acuité visuelle diminue. Il existe donc une zone fovéale où les signes sont vus très nettement et une zone périphérique où les signes sont plus flous. Le lecteur distingue 7 caractères en vision fovéale et environ une dizaine de caractères de part et d'autre du point fixé.

Les rôles des visions fovéale et périphérique s'avèrent complémentaires. La vision périphérique fournit des informations sur la silhouette des mots, elle permet de les entrevoir ; la vision fovéale, elle, les voit. Le lecteur identifie d'autant plus aisément les informations qu'il les a **prévues** (grâce à l'anticipation) et **entrevues**.

4.3 Conséquences : lisez avec un grand angle

Une des grandes différences entre le lecteur entraîné et le lecteur «lambda» réside dans le nombre de mots enregistrés lors de chaque fixation de l'œil. Le deuxième n'utilise souvent qu'une faible partie de son champ visuel et ne saisit qu'une quantité restreinte de caractères. L'enseignement traditionnel de la lecture conduit, en effet, à opérer des fixations étroites, comprises entre un et quatre signes : une lettre, une syllabe, un mot court. Vous savez maintenant que, le système limbique n'aimant pas la nouveauté, les habitudes prises lors de l'apprentissage n'évoluent guère. On aboutit ainsi à une sous-utilisation des possibilités du regard.

Il est donc nécessaire, pour améliorer ses performances en lecture, non pas d'élargir le champ de vision à proprement parler – celui-ci ne s'étire pas comme du chewing-gum – mais de l'exploiter au mieux. Pour cela, vous allez vous exercer à saisir le maximum d'éléments lors de chaque fixation, à tirer parti des informations fournies par les deux zones de vision. Cette utilisation optimale du faisceau de vision est capitale pour lire mieux et plus vite.

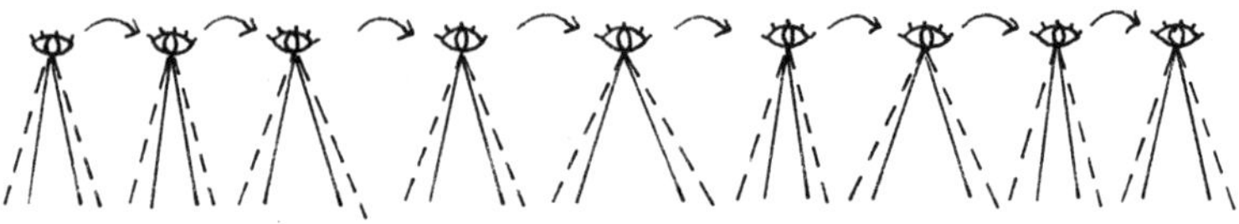

Dans les grandes villes tropicales, le chômage est massif.

lecteur non entraîné : 9 mots = 9 fixations + 8 déplacements

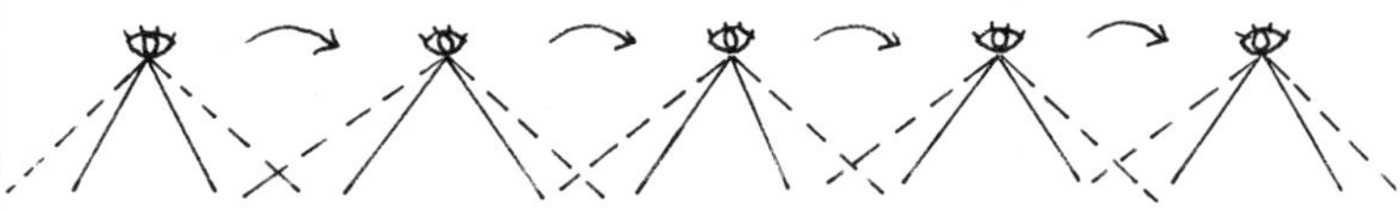

Dans les grandes villes tropicales, le chômage est massif.

Lecteur un peu entraîné : 9 mots = 5 fixations + 4 déplacements

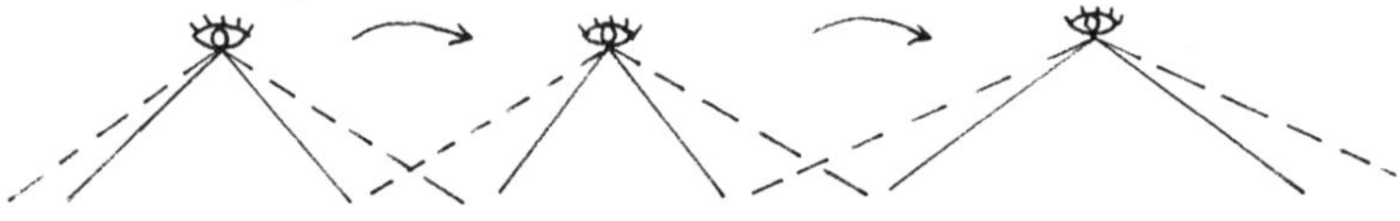

Dans les grandes villes tropicales, le chômage est massif.

Lecteur entraîné : 9 mots = 3 fixations + 2 déplacements[1]

Un champ de vision étendu rend la lecture plus facile et la compréhension plus facile.

1. Les traits continus représentent la vision fovéale, les traits en pointillés, la vision périphérique.

En agissant sur l'angle de vision, on diminue le nombre de saccades qui sont, rappelons-le, des temps morts : **on améliore sa vitesse** de lecture. **On améliore aussi sa compréhension**. Un lecteur qui embrasse un nombre important de caractères se trouve, non plus en présence d'éléments isolés, peu porteurs d'information (une syllabe, un article), mais en présence d'éléments signifiants : le sens global est plus aisé à appréhender. Ainsi, dans l'exemple figurant dans le croquis ci-dessous, le lecteur qui fixe peu de signes à la fois doit, pour comprendre la phrase, combiner neuf informations. Le lecteur qui, lui, voit beaucoup de signes en un seul coup d'œil ne doit plus associer que trois informations : sa compréhension en est facilitée.

Bref, souvenez-vous...

- Évitez les déplacements inutiles (de l'œil).
- Passez du gros plan au plan d'ensemble.

Comment passer du gros plan au plan d'ensemble ? Les gammes d'entraînement vont vous y préparer. Mais le plus important est que vous ayez pris conscience de l'intérêt de ce que vous allez mettre en œuvre ; sinon, attention au barrage du cerveau limbique qui préfère la vision centrale, plus précise, donc plus sécurisante.

ENTRAÎNEMENT

Objectif : exploiter au mieux son champ de vision.

*** *Exercice 1***

Parcourez rapidement les deux listes afin de repérer les mots ou groupes de mots :

– désignant une discipline (au sens de branche de la connaissance) ;

– se rapportant à la météorologie.

→ Attention ! Positionnez votre regard à l'endroit du trait et prenez connaissance du groupe de mots en une seule fois.

Top chrono... (de 12 à 20 caractères)

rester assis
vingt étages
la conférence
un communiqué
c'est pourquoi
la littérature
sans ascenseur
la psychologie
choisir sa voie
une vie de rêve
propriété privée
le trafic routier
un mode d'emploi
le service public
les mathématiques
prendre l'habitude
une averse de grêle
un brouillard épais
appartement à louer
une grande puissance

en dehors de
sens interdit
la géographie
la république
salle de bain
la philosophie
l'électronique
un rendez-vous
un été torride
visite gratuite
preuve à l'appui
les bas salaires
une double ration
une multiplication
la proche banlieue
un article de presse
un automne pluvieux
semer pour récolter
Éducation Nationale
une chemise en nylon

... Top chrono

Temps mis : ... Nombre de réponses exactes : ...

* *Exercice 2*

Repérer les mots ou groupes de mots :
– que vous pourriez trouver dans la rubrique «vie économique et sociale» d'un journal ;
– qui se rapportent à la lecture.

Top chrono... (de 16 à 23 caractères)

une lumière vive
les congés payés
ouvert au public
en marche arrière
l'énergie solaire
un toit de tuiles
attention travaux
un silence de mort
un régime sans sel
la Sécurité Sociale
une pompe à chaleur
la faculté de droit
un roman passionnant
une séance de cinéma
indemnité de travail
des lunettes de soleil
une émission de radio
une assurance maladie
une plage de sable fin
un radiateur électrique

guetter un bruit
un champ de maïs
baisse du dollar
une bibliographie
le cerveau gauche
une douche glacée
un foulard en soie
un bateau à voile
un metteur en scène
une carte d'identité
un programme chargé
les feuilles mortes
une agence de voyage
un conseil de classe
grève des transports
un voyage tourmenté
un itinéraire rapide
une opération réussie
allocations familiales
une table des matières

... Top chrono
Temps mis : ... Nombre de réponses exactes : ...

* *Exercice 3*

Prenez le cours ou le livre que vous aviez l'intention d'étudier dans la journée.

Commencez chaque ligne en positionnant votre regard sur le deuxième mot et non sur le premier. De même, arrêtez votre regard à l'avant-dernier mot. Vous savez maintenant que vous embrassez un certain nombre de caractères de part et d'autre du point fixé : vous verrez donc aussi le premier et le dernier mot mais vous effectuerez moins d'arrêts.

—► Pensez à procéder de la même façon pour toutes vos lectures.

* ***Exercice 4***

• *Préparation*

1. Munissez-vous d'un livre qui vous appartient et auquel vous n'êtes pas particulièrement attaché. Choisissez de préférence un texte dont les lignes soient de longueurs sensiblement égales, non entrecoupées d'illustrations.
2. Choisissez quatre lignes au hasard et comptez le nombre de mots par ligne.
3. Partagez la ligne en deux, trois ou quatre parties en traçant une barre légère au crayon tous les trois mots (ou plus selon la facilité avec laquelle vous avez effectué les exercices 1 et 2[1]).
4. Au milieu de chaque partie ou portion de ligne composée de trois ou quatre mots, tracez un trait que vous prolongez jusqu'à la fin de la page ou du texte.

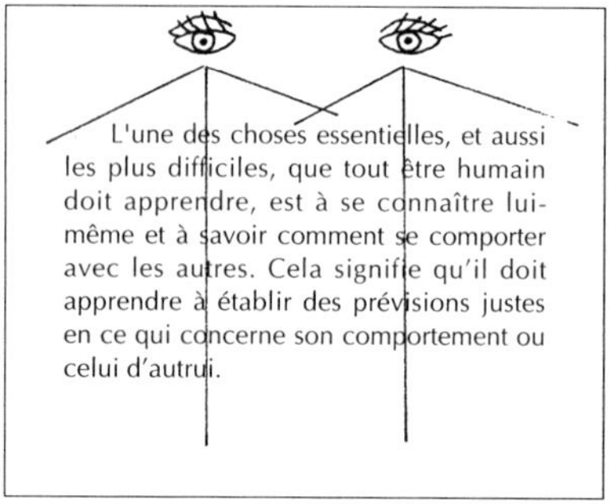

• *Consignes*

1. Lisez le texte préparé en positionnant votre regard sur les traits de manière à englober en un seul coup d'œil chaque portion de ligne.
2. À la fin de votre lecture, essayez de retrouver le contenu du texte.

1. Un mot comporte, en moyenne, cinq caractères.

*** Exercice 5**

Effectuez le même travail que précédemment mais chaque portion de ligne doit contenir un mot supplémentaire.

→ Renouvelez cet entraînement sur plusieurs textes en vous donnant comme objectif de saisir quatre ou cinq mots en une seule fixation visuelle. Gardez le rythme pour toutes vos lectures ultérieures, même si vous ne préparez pas matériellement le texte.

Si cette manière de procéder perturbe particulièrement vos habitudes, persévérez en vous redisant que le succès est à la clé. Bientôt la lecture par points de fixation s'inscrira dans vos automatismes.

5. Acquérir un œil agile

5.1 Une mobilité oculaire accrue…

Les études sur le fonctionnement de l'œil au cours de l'acte de lire ont mis en évidence deux particularités du lecteur performant :
– il utilise à plein son champ visuel (voir la partie précédente) ;
– il a des temps de fixation réduits, de l'ordre de 100 à 200 millisecondes.
Le lecteur peu expert, lui, a tendance à s'attarder plus longtemps sur les mots : ses yeux ne se déplacent pas avec célérité.

Développer votre mobilité oculaire afin de réduire la durée des fixations, tel est le but de ce chapitre.

5.2 … Grâce à un parcours guidé

Avant de passer à l'entraînement, procédez à cette petite expérience[1] :
Premier temps : Demandez à un ami de suivre lentement du regard un cercle imaginaire et observez-le. Que constatez-vous ? Le trajet suivi par l'œil ne ressemble guère à un cercle…

1. Expérience tirée de T. Buzan, *Une tête bien faite*, éd. d'Organisation, 1981.

Deuxième temps : Demandez à votre ami de suivre du regard un cercle que vous tracez en l'air avec votre index. Le trajet mérite, cette fois, le nom de cercle.

Pourquoi cette différence ? Dans le premier cas, les yeux se déplacent sans repère matériel ; dans le deuxième, ils sont guidés par votre doigt et, de ce fait, ils sont beaucoup plus fiables. Il en est de même pour la lecture. Dans votre enfance, vous suiviez peut-être le texte du doigt mais, les adultes vous ayant assuré que l'habitude était mauvaise, vous y avez renoncé. En réalité, le doigt guide la lecture et la rend plus aisée. Non seulement il ne la ralentit pas mais il se révèle un moyen efficace pour l'accélérer. Il vous suffit de le déplacer de plus en plus vite au fil des séances. Vous pouvez aussi utiliser un crayon (à l'envers), un stylo : votre allure sera plus décontractée, votre esprit également.

Bref, souvenez-vous

- La lecture guidée est plus rapide : elle diminue le temps de fixation de l'œil.

ENTRAÎNEMENT

Objectif : exercer la mobilité visuelle.

*** *Exercice 1***

1. Prenez un livre facile à lire en veillant à ce que les lignes ne dépassent pas huit ou neuf mots (un livre de poche est tout indiqué). Munissez-vous d'un guide visuel.
2. Lisez le début et la fin de chaque ligne, par exemple, le deuxième et l'avant-dernier mot uniquement. Passez d'une ligne à l'autre, sans vous arrêter et sans revenir en arrière. Au début, vous ne comprendrez sans doute rien de ce que vous lisez mais, progressivement, vous arriverez à saisir quelque peu le contenu. Le cerveau complétera ce qui manque, selon son mécanisme habituel.

*** Exercice 2**

1. Prenez une revue, un journal ou tout autre texte composé en colonnes étroites.
2. Lisez le titre, le chapeau, c'est-à-dire les lignes qui précèdent le texte lui-même. De quoi est-il question ? Essayez de prévoir le contenu.
3. Positionnez votre regard au milieu de la colonne et, dans un mouvement rapide et continu, passez d'une ligne à l'autre en ne vous arrêtant qu'une seule fois par ligne.

Si vos yeux éprouvent des difficultés à se plier à ce rythme, utilisez un cache. Pour cela, découpez une petite fenêtre de la longueur et de la largeur de la ligne dans du papier cartonné (une fiche, une carte de visite...). Descendez le cache de ligne en ligne et prenez connaissance de ce qui apparaît dans la «fenêtre» en un seul coup d'œil, toujours en fixant le centre.

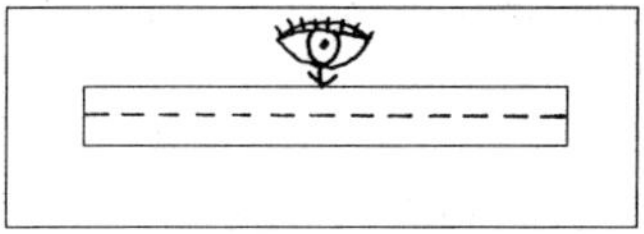

Là encore, vous serez dérouté lors des premiers essais, c'est normal. Très vite, vous vous rendrez compte que cette manière de procéder est judicieuse pour la lecture d'articles de presse auxquels vous n'attachez pas une importance fondamentale. Il est très probable, en effet, que vous en saisirez le sens général.

Comment cela est-il possible ? Votre esprit, aiguisé par la lecture du titre et du chapeau, est prêt à prévoir. Si, à cette activité mentale accrue, vous ajoutez le rôle joué par votre vision périphérique : entrevoir ce qui n'est pas réellement vu, vous comprenez que ce phénomène n'a rien d'étonnant, qu'il est tout à fait compatible avec ce que vous avez découvert du fonctionnement intellectuel et visuel. L'œil est au service de l'intelligence. Encore faut-il faire confiance à son potentiel, c'est peut-être le plus difficile...

La technique des trois balayages, située dans le module 2 (p. 68), complétera le travail entrepris dans cette partie.

6. Passer à la vitesse supérieure

6.1 Pourquoi lire vite ?

La réponse à cette question est simple : si vous lisez vite, vous comprendrez mieux. Prenons l'exemple d'un lecteur en présence d'une phrase de quinze mots ou plus, situation courante. S'il lit lentement, il risque, en arrivant à la fin de la phrase, de ne plus se souvenir des premiers mots : il ne pourra en saisir le sens. Tout comme le cycliste a besoin de rouler à une certaine allure pour garder l'équilibre, le lecteur a besoin de parvenir à une certaine allure pour suivre sans difficulté le message (250 mots à la minute au minimum). De plus, contrairement à une opinion répandue, les lecteurs rapides font montre d'une meilleure **mémorisation** des textes lus.

La vitesse est d'autant plus importante que la quantité à lire augmente. Dans l'enseignement secondaire, les activités recensées comme des activités de lecture sont des études de textes courts, une trentaine de lignes environ. Le lecteur s'habitue à la lenteur, au mot à mot, aux retours en arrière. Or, arrivé à l'Université, l'étudiant se trouve en présence de lectures beaucoup plus nombreuses. L'acquisition d'un parcours plus dynamique est alors indispensable.

Dans ses *Propos sur l'éducation*, le philosophe Alain écrivait : «De toutes les opérations de l'esprit qui dépendent de la mécanique, il faudrait donner une prime à la vitesse.» Et, plus loin, évoquant les lecteurs lents, il ajoutait : « Ils lisent comme ils bêchent, une motte de terre après l'autre et tout l'esprit est au tranchant de la bêche»[1].

6.2 Qui peut le plus peut le moins

Savoir lire vite se révèle le meilleur moyen de lire lentement quand tel est notre bon plaisir. Celui qui maîtrise la rapidité peut ralentir le rythme,

1. Alain, *op. cit.*

l'inverse n'est pas vrai. Tout le problème consiste à avoir le choix. Or, sauf exception, l'enseignement ne prépare qu'à une seule conduite de lecture.

6.3 Ne brûlez pas les étapes

Vitesse et compréhension sont deux alliés en lecture. Attention cependant : ne brûlez pas les étapes. Lisez le plus rapidement possible mais, dès que vous constatez que votre compréhension est moins bonne, rétrogradez un peu. Quelque temps plus tard, avec un peu d'entraînement, vous pourrez de nouveau accélérer sans risque de nuire à la qualité de votre lecture. À vous de trouver votre vitesse de croisière à tel stade de votre parcours.

6.4 Balisez votre itinéraire

Le module de lancement a souligné à quel point il était important de se fixer des objectifs. Vous connaissez, grâce aux tests de départ, votre vitesse de lecture et votre pourcentage de compréhension.

Il vous est facile de construire votre progression à court terme et à long terme.

À court terme, vous pouvez décider d'augmenter votre vitesse de lecture de 10 à 20 mots à la minute, lors de chaque séance ou exercice.

Vous savez que les succès, même modestes, vous placent dans une situation qui favorise la réussite.

À long terme, prenez l'engagement de passer de 250 à 350 mots à la minute, par exemple en un mois, puis à 450 mots lors de l'échéance suivante, etc. Tout dépend évidemment de votre point de départ mais il est souhaitable d'atteindre 600 mots en fin d'entraînement. Vous pourrez même largement dépasser ce chiffre.

Reportez vos résultats sur un graphique comme celui qui vous est proposé page 54 : votre cerveau droit visualisera ainsi votre progression.

Sur le plan pratique, comment évaluer la longueur d'un texte ? Il vous suffit de compter le nombre de mots d'une ligne (pas la première mais la deuxième ou troisième), de compter ensuite le nombre de lignes et d'effectuer une multiplication. Vous obtiendrez le nombre approximatif de mots, ce qui vous permettra de vous entraîner en dehors des exercices de ce livre.

6.5 Clés pour une lecture rapide

Dans le chapitre précédent, les exercices ont déjà augmenté votre vitesse. Ce chapitre est un peu particulier dans la mesure où il ne propose pas d'entraînement spécifique mais vous indique les clés grâce auxquelles vous améliorerez considérablement votre vitesse.

Lisez des yeux

Vous avez tous appris à lire à haute voix. Aussi, système limbique aidant, continuez-vous peut-être à remuer les lèvres en lisant ou même à prononcer les mots, en l'absence d'auditeur.

Cette habitude ralentit considérablement la lecture. Vous allez comprendre pourquoi à la lumière de ces deux questions.

– Pouvez-vous voir d'un seul coup d'œil ces deux mots «un livre» ?
– Pouvez-vous prononcer ces deux mots en même temps ?

Qu'en déduisez-vous ? Si deux mots (même beaucoup plus) peuvent être vus en une seule fois mais doivent être prononcés en deux ou plusieurs fois, il est évidemment beaucoup plus rapide de se servir de ses yeux uniquement. En effet, **l'oralisation freine la progression** car elle oblige à lire mot à mot. Deux chiffres sont, à cet égard, parlants. Le lecteur silencieux parcourt environ 27 000 mots à l'heure ; celui qui lit à haute voix ne peut dépasser 9 000 mots à l'heure, soit trois fois moins.

Et si vous êtes auditif ? Rassurez-vous, la lecture visuelle n'est pas incompatible avec votre mode de fonctionnement. Il est vrai que, pour comprendre un message, vous avez besoin d'en avoir la conscience phonique. Mais cette conscience phonique n'a rien à voir avec l'oralisation qui implique la mise en œuvre de tout l'appareil bucco-pharyngé.

De plus, la vocalisation contribuant, dans votre cas, à la mémorisation, vous pourrez éventuellement, dans l'apprentissage d'un cours, lire, voire commenter, à voix haute quelques éléments clés : titres, sous-titres, résumé (établi ou non par vous-même).

Comment savoir si vous chuchotez pendant que vous lisez ?
– Placez un doigt sur la bouche : vos lèvres remuent-elles ?
– Appuyez légèrement l'index sur votre gorge : votre larynx vibre-t-il ?

Si vous constatez que vos lèvres ou votre larynx sont en mouvement, exercez-vous à lire uniquement avec les yeux ; vérifiez périodiquement par un des deux moyens indiqués que vous procédez effectivement de cette manière.

Allez de l'avant

Les recherches ont montré que le regard du lecteur efficace progresse régulièrement, sans hésitations, le long de la ligne d'un texte alors que le regard du lecteur peu entraîné se propulse irrégulièrement et effectue de fréquents retours en arrière qui rompent son rythme de progression. Cette habitude de revenir en arrière pour vérifier un mot, une phrase, ralentit la lecture. L'œil perd d'abord du temps à revenir en arrière et ensuite à retrouver l'endroit du texte où il était arrivé.

Dans la plupart des cas, ces régressions sont inutiles. Si vous butez sur un mot inconnu, il est préférable, dans un premier temps, de continuer, d'aller de l'avant. Le plus souvent, la suite éclaire le sens de ce qui apparaissait obscur. En outre, il est beaucoup plus facile de retenir ce que l'on lit quand on prend une vue d'ensemble rapide et dynamique que lorsqu'on interrompt sa lecture par des vérifications intempestives.

Pour vous convaincre, livrez-vous à une petite expérience. Lisez une page, un texte, un chapitre sans vous arrêter, même en cas de difficulté. Document caché, essayez d'en retrouver le contenu. Vous vous apercevrez sans doute que vous avez compris et mémorisé aussi bien, sinon mieux, en procédant de cette manière.

En réalité, les retours en arrière, très fréquents chez de nombreux lecteurs, sont dus à un manque de confiance, à une anxiété très répandue dans l'acte de lire. Si vous vous êtes prouvé, à l'aide du test précédent, que les régressions ne sont pas constructives, la partie est gagnée. Vous augmenterez notablement votre vitesse de lecture en quelques semaines.

Si les retours en arrière sont tellement ancrés chez vous que vous y recourez machinalement, utilisez provisoirement une règle plate ou une feuille de papier et cachez les lignes au fur et à mesure que vous les avez lues.

Surveillez votre montre

Il est vrai qu'il existe une autre cause de régression : un manque de concentration. Vous pensez à autre chose, vous perdez le fil de votre lecture, vous revenez en arrière… Pour soutenir votre attention au cours de la lecture, une technique simple et efficace : un coup d'œil sur votre montre. Calculez approximativement le temps que vous devriez consacrer à telle ou telle lecture et veillez à ne pas dépasser ce délai. Un temps limité est utilisé au maximum : il favorise l'attention.

> **Bref, souvenez-vous…**
> - Vitesse limitée pour la parole, pas pour la lecture.
> - La marche arrière : une manœuvre à éviter en lecture.
> - Une attention soutenue grâce à une alliée : la montre.

Graphique de progression (à reproduire en grand format)

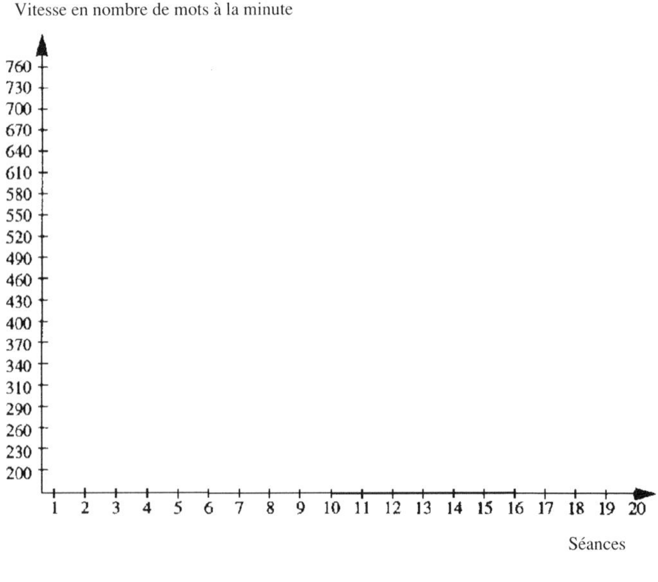

LE MODULE EN SCHÉMAS

Schéma 1 : trois profils de lecteur

Lecteur cerveau gauche

S'appuie presque exclusivement sur les indices visuels
↓
Décode chaque mot
↓
Ne met guère en liaison ce qu'il lit et ce qu'il sait
↓
Lecture peu aisée

Lecteur cerveau droit

S'appuie presque exclusivement sur ses connaissance antérieures
↓
Anticipe, va au-devant des mots
↓
Ne vérifie pas
↓
Lecture peu fiable

→ Lecture malhabile ←

Lecteur double cerveau

Mobilise ses connaissances
↓
Anticipe, va au-devant des mots
↓
Appréhende rapidement les indices visuels pour vérifier ses prévisions
↓
Compare ce qu'il sait et ce qu'il lit
↓
Lecture aisée et fiable
↓ ↓ ↓
Lecture habile

Schéma 2 : le temps de mise sur orbite

Combien de pages ? → Vous êtes rassuré
Combien de temps ? → Vous êtes rassuré
Qu'est-ce que je sais sur le sujet ? → Vous êtes rassuré
Qu'est-ce que je sais sur le sujet ? → Vous êtes prêt à mettre en relation les connaissances nouvelles et vos connaissances antérieures
Vous êtes rassuré → Neurones activés
Neurones activés → Vous êtes prêt à mettre en relation les connaissances nouvelles et vos connaissances antérieures

MODULE 2 : MANIER LES STRATÉGIES DE LECTURE SÉLECTIVE

Vous vous trouvez devant une impressionnante pile de livres, de périodiques. Vous désirez, parmi ces documents, sélectionner ceux qui répondront au sujet ou à la question traité(e). Comment procéder ?

Vous voulez ensuite, dans les documents retenus, vous reporter sans tâtonnement, au(x) chapitre(s), aux pages pertinents par rapport à votre projet. Quelle est la marche à suivre ?

Enfin, vous souhaitez repérer rapidement et efficacement un certain nombre d'informations. Comment aller droit au but ?

C'est pour répondre à ces trois questions que ce module a été conçu. Vous allez y peaufiner vos méthodes de recherche, en découvrir de nouvelles.

1. Explorer

1.1 Pourquoi explorer ?

L'exploration est une stratégie qui permet :
– de déceler le contenu d'un livre, d'un texte sans le lire de A à Z ;
– de s'y orienter afin de déterminer les passages correspondant aux objectifs.

1.2 Comment explorer ?

Avant d'étudier les démarches à mettre en œuvre, livrez-vous à une enquête préalable. Munissez-vous de trois ou quatre ouvrages, autres que des livres narratifs. Examinez-les en suivant le parcours proposé.

– Quelles sont les indications portées sur les deux pages de couverture («plat supérieur» et «plat inférieur») ?
– Qu'y a-t-il avant le premier et après le dernier chapitre ?
– Quel rôle jouent les éléments situés à la périphérie du livre ?
– Comment sont-ils organisés ?
– Prenez ensuite un chapitre au hasard, feuilletez-le en prêtant attention aux éléments mis en relief par la typographie. Quels sont ces éléments ?

Ayant effectué ce travail, vous êtes plus à même de tirer parti des pistes que je vous invite à suivre.

1.3 Pistes pour choisir un livre et localiser le passage pertinent

Examinez le titre
Il est déjà révélateur du contenu.

Lisez les indications portées sur la page de titre et les deux pages de couverture
Outre le titre, ces pages comportent des renseignements précieux.
– Elles mentionnent le nom de l'**auteur** : qui est-il, que fait-il, est-il compétent (par exemple, le sujet du livre est-il en relation avec sa profession) ?
– Elles mentionnent le nom de la **collection** à laquelle appartient le livre. Les ouvrages d'une même collection forment une unité. Avez-vous déjà lu d'autres ouvrages de cette collection ?
– La dernière page de couverture comporte souvent une **présentation du livre** : son sujet, le projet de l'auteur.

Vérifiez la date
Tendez toujours à consulter les sources les plus récentes. De plus, pour les sujets d'actualité, pensez à consulter des périodiques qui permettent une mise à jour constante.

Parcourez l'avant-propos et la préface
Dans l'avant-propos (parfois appelé introduction ou avertissement), l'auteur annonce les objectifs poursuivis dans son ouvrage. La préface joue le même rôle, mais elle est rédigée par une autre personne que l'auteur.

Parcourez la conclusion (ou épilogue)
La conclusion représente l'aboutissement du livre : l'auteur y fait le point. Vous aurez un aperçu du trajet parcouru.

Consultez les guides inclus dans les ouvrages
Table des matières et index sont les véritables clés des livres. Ils vous orientent et vous évitent de chercher au hasard.

Parcourez les endroits stratégiques
Le livre ou la revue ouvert aux pages supposées intéressantes, il n'est pas indispensable de lire ces pages d'un bout à l'autre. Vous pouvez commencer par vous faire une idée de ce qu'elles contiennent. Comment ?
– **En lisant le début ou la fin du chapitre ou des articles.** Vous y trouverez une annonce des points traités et, très souvent, un résumé. Dans une revue scientifique, le résumé (ou abstract) précède l'article.
– **En explorant les titres, les sous-titres** : ils permettent de connaître les idées abordées dans le passage. Vous pourrez ainsi «sauter» les parties non utiles pour votre travail.
– **En regardant les illustrations et leurs légendes.**
– **En prêtant attention aux surlignages, aux caractères gras.**

Lisez quelques passages
Lisez quelques lignes au hasard, dans des chapitres différents, afin d'apprécier la lisibilité du livre.

Jetez un coup d'œil sur l'architecture
Feuilletez rapidement le livre : comment est-il organisé ? Sa présentation est-elle claire ? Les différentes parties des chapitres se distinguent-elles nettement ?

Ces méthodes de recherche s'appliquent à tous les documents écrits[1]. Livres et passages significatifs cernés grâce à une rapide lecture sélective, vous leur réserverez une lecture complète et approfondie (voir le module suivant). Vous aurez plus de temps à y consacrer. Cette manière de procéder est beaucoup plus judicieuse que de tout lire sur le même plan. Elle présente, en outre, un avantage de taille : le lecteur apprivoise le texte. Au lieu de se trouver devant un maquis impénétrable, il dispose de jalons, il sait où il va.

ENTRAÎNEMENT

Objectif : savoir dégager rapidement le contenu d'un ouvrage.

Procurez-vous un ouvrage documentaire (du latin *documentum*, «ce qui sert à instruire»). Choisissez de préférence un livre qui peut vous servir dans vos études, vous serez plus motivé.

Vous avez dix minutes pour faire connaissance avec l'ouvrage :
– examinez la première et la dernière page de couverture ;
– parcourez l'avant-propos et la préface ;
– parcourez la conclusion ou l'épilogue ;
– jetez un coup d'œil à la table des matières ;
– feuilletez le livre ;
– lisez le début et la fin du premier et du dernier chapitres ;
– lisez quelques lignes au hasard.

À partir des renseignements glanés, procédez comme si vous présentiez le livre à un autre étudiant. Pensez à aborder les points suivants :
– la provenance du livre ;
– le contenu du livre, le type de plan, le langage et le ton employés par l'auteur ;
– le public visé.

Renouvelez l'activité avec d'autres ouvrages en vous accordant cinq minutes au lieu de dix. Vous vous apercevrez très vite qu'en procédant de cette façon, vous avez déjà une vue d'ensemble des livres. Vous pourrez sélectionner vos lectures en connaissance de cause sans être effrayé par la quantité.

---

1. Les articles de presse se prêtent à une technique complémentaire, l'écrémage, que nous étudierons dans les paragraphes qui suivent.

2. ÉCRÉMER

L'objectif de la lecture écrémage rejoint celle de la lecture exploration : **détecter l'idée essentielle** d'un écrit **sans le lire en entier**. Mais cette stratégie est plus spécialement adaptée aux **textes courts**, en particulier aux articles de presse. Pour en comprendre l'intérêt, livrez-vous à l'expérience suivante.

**EXPÉRIENCE :
DÉCOUVREZ LA LECTURE ÉCRÉMAGE**

Première partie

1. Lisez le titre et le chapeau du texte ci-dessous.
2. Lisez en entier le premier paragraphe.
3. Lisez immédiatement après le dernier paragraphe.
4. Lisez les intertitres.
5. Lisez le début des autres paragraphes.
6. Cachez le texte et notez les idées retenues à l'issue de cette lecture partielle.

Deuxième partie

1. Lisez maintenant le texte en entier, du premier au dernier mot.
2. Cachez le texte et notez les idées retenues à l'issue de cette lecture complète.

Troisième partie

Comparez les résultats obtenus à partir des deux lectures.

**La vie à trois temps.
Actifs contre inactifs : vers la société duale ?**

Une révolution du temps de vivre est impérative pour éviter qu'éclate le conflit entre groupes sociaux

La durée du travail diminue alors que celle de notre vie augmente. Nous disposons donc de plus en plus de temps consacré aux loisirs. Mais celui-ci est très inégalement réparti au fil de notre existence et entre les individus. Si mal réparti que l'on peut craindre l'explosion de conflits majeurs opposant le nombre croissant d'inactifs de tous âges à la minorité de ceux qui disposent d'un emploi. A moins que ne s'instaure un partage différent du temps qui entraînerait une transformation radicale de nos modes de vie. Notre existence est aujourd'hui étrangement découpée en trois tranches presque étanches : la première dévolue aux études, la seconde au travail et la troisième à la retraite. Avec malgré tout deux périodes de précarité particulière, l'une pour les jeunes lorsqu'ils se présentent sur le marché de l'emploi, l'autre pour les quinquagénaires menacés de plus en plus tôt par de pseudo-formules de retraite.

Une transformation fondamentale est en train de s'opérer dans cette vie à trois temps du fait notamment de l'allongement des périodes entourant notre vie active. Le temps passé au travail rétrécit, celui des études s'allonge et plus encore celui de la retraite, qui s'étale désormais sur plus de vingt ans.

Notre population elle-même est découpée en deux catégories : celle des actifs disposant d'un emploi, vivant pour l'essentiel des revenus qu'il leur procure et assurant, à titre principal, au travers des impôts et des cotisations sociales, le financement du système de protection sociale ; celle des inactifs, exclus du monde du travail et vivant pour l'essentiel des pensions de retraite, des allocations de chômage mais aussi de l'assurance-maladie. Entre ces deux catégories, deux espèces particulières, celle des fonctionnaires jouissant d'une exorbitante sécurité d'emploi et celle des «mutants», vivant, de force ou de gré, d'emplois précaires.

France, 2020 : 15 millions de personnes âgées et 15 % de chômeurs

Je crains fort que le nombre d'inactifs augmente rapidement à cause de notre évolution démographique, et d'une situation peu favorable à l'emploi. La Seconde Guerre mondiale, comme chacun le sait, a été suivie d'un baby boom venu gonfler les effectifs d'actifs durant une période hélas peu propice à l'emploi. Ces enfants auront l'âge fatidique de soixante ans à partir de 2005, renforçant la masse des personnes âgées. Celles-ci, actuellement au nombre de 10,5 millions, seront près de 12 millions dès l'an 2000 mais plus de 15 millions en 2020, soit presque un Français sur trois... Ajoutons enfin qu'un certain nombre sera de plus en plus âgé en raison de l'allongement considérable de notre espérance de vie (aujourd'hui quatre-vingts ans pour les femmes et soixante-douze ans pour les hommes) grâce à l'amélioration de l'hygiène et de la prévention, ainsi qu'aux progrès de la médecine et des sciences du vivant.

De plus en plus de «vieux» vivant de plus en plus longtemps, donc de plus en plus de retraites à servir et vraisemblablement de dépenses de santé à consentir parce qu'on est plus souvent malades en fin de vie, que les prouesses médicales sont coûteuses et que, ne sachant que faire de ses vieux, notre société les médicalise à outrance...

Le vieillissement est inéluctable, comme l'augmentation très forte des candidats à l'emploi, résultant de l'arrivée sur le marché du travail des enfants encore assez nombreux nés durant les années 70 ainsi que de l'augmentation très probable du taux d'activité féminine. Et ceci alors que le système de production, exposé à une concurrence internationale de plus en plus vive, devra inévitablement privilégier les investissements de productivité au détriment de l'emploi.

En outre, les gains de productivité générés par les nouvelles technologies risquent de contracter l'emploi. Et les entreprises de se séparer de plus en plus de travailleurs dont le coût salarial croît avec l'ancienneté. Ainsi, les actifs seront de plus en plus tôt invités à quitter leur emploi, les jeunes, certes moins nombreux, à prolonger leurs chères études, et les actifs, en surnombre, à rejoindre le chômage qui, en 1995-2000, pourrait bien dépasser les 15 %.

Nous pourrions ainsi compter en France, à l'horizon 2000, deux inactifs allocataires par actif employé et, comme les premiers vivent surtout des prélèvements effectués sur les seconds, nous risquons d'être confrontés à un dilemme aigu : ou bien augmenter considérablement les impôts et cotisations sociales pour faire face aux besoins croissants d'inactifs toujours plus nombreux, au risque d'imposer au système productif un handicap insupportable et de provoquer l'évasion fiscale, sinon celle des travailleurs ; ou bien réduire les allocations de toute nature servies aux inactifs et notamment aux retraités et aux chômeurs qui, sans aucun doute, s'élèveront alors énergiquement contre la remise en cause de droits qu'ils estiment légitimement acquis. Je ne crois pas qu'un divin regain de croissance économique puisse remédier à ce grave déséquilibre. Mais la guerre des âges n'est pas une fatalité.

Heureuse est cette époque marquée par l'avènement de machines créant simultanément du temps libre et de la richesse. Reste à mieux répartir ce petit peu de temps de travail qu'exige le système de production, la richesse qu'il dégage et le temps libre dont nous disposons, en espérant qu'une partie de celui-ci sera investi dans des travaux qui n'ont peut-être point de valeur monétaire, mais de grandes utilités sociales.

Mieux répartir la richesse et le temps entre tous les citoyens

Non contents de répartir ainsi la richesse et le temps plus équitablement entre nos concitoyens, peut-être pourrions-nous le mieux distribuer au fil des âges, de sorte que l'on ne soit point astreint à une scolarité exclusive, à une oisiveté à temps plein et à un emploi sans plage de loisir… Bref, que nous bénéficiions d'alternances dans nos activités enfin plurielles.

Hugues de Jouvenel,
Ça m'intéresse, n° 100, juin 1989 (pp. 80-81).

2.1 La lecture écrémage : qu'en conclure ?

La comparaison des notes après lecture partielle et après lecture intégrale vous a sans doute conduit à constater que la deuxième lecture permet de mémoriser davantage d'idées secondaires, de détails, mais n'apporte rien de nouveau quant aux idées principales et à la thèse défendue.

On peut donc conclure que, pour avoir une idée du sens général d'un texte de ce type, pour savoir s'il est à sélectionner ou pas, on peut faire l'économie d'une lecture complète. Il suffit de prêter attention aux passages qui concentrent le plus d'informations.

2.2 Les fondements de la lecture écrémage

Le principe de la lecture écrémage repose, en fait, sur la connaissance de la construction d'un texte. Il consiste à lire, outre le titre, les endroits charnières. Quels sont-ils ?
– **L'introduction** qui annonce ce dont il sera question et, parfois, indique le plan ; dans un article journalistique, l'introduction comporte souvent un procédé d'appel destiné à attirer l'attention.
– **La conclusion**, qui récapitule les différents point envisagés et synthétise l'essentiel du développement.
– **La première phrase des paragraphes** qui donne un aperçu de ce qui va être traité dans le passage, et contient des éléments de liaison avec ce qui précède.
– **La dernière phrase des paragraphes**, dans deux cas bien précis. En premier lieu, il est utile de la lire si le paragraphe est particulièrement étoffé : cette phrase marque alors la transition entre le paragraphe qui s'achève et le suivant. En deuxième lieu, il est judicieux de la parcourir si le paragraphe commence par une anecdote ou un exemple ; cette dernière phrase comporte alors l'idée principale.

Les paragraphes qui sont toujours organisés autour d'une idée principale peuvent, en effet, être construits selon deux structures principales. Dans la structure déductive, l'auteur part d'une idée principale qu'il étaie ensuite par des idées complémentaires (exemples, preuves, arguments…). Dans la structure inductive, il commence, au contraire, par fournir un certain nombre de faits et termine par l'idée principale, conclusion de ce qui a été énoncé.

Lorsque vous aurez sélectionné livres et textes, établissez une bibliographie dans le but, à la fois, de retrouver facilement les documents et de pouvoir citer vos sources, en particulier en cas de citations : «Rendez à César ce qui est à César…»

ENTRAÎNEMENT

Objectif : savoir tirer parti du titre et du chapeau d'un article pour prévoir le contenu.

Exercice 1

1. Voici le titre et le chapeau d'un article de périodique. Lisez-les et, à partir de ces éléments, notez les questions auxquelles pourrait répondre l'article ; en d'autres termes, dégagez la problématique du texte.

Le saturnisme continue ses ravages

> Parce qu'ils habitaient des logements insalubres, deux enfants sont morts à Paris en 1985. Deux enfants qu'on n'a pas pu sauver à temps car la maladie qui les a tués est difficilement décelable. Elle a pour nom le saturnisme et c'est une véritable «épidémie» silencieuse. A l'origine de ce fléau : la peinture à la céruse.

Fabienne Maleysson, *Que Choisir ?*, n° 268, janvier 1991.

Si vous éprouvez des difficultés à démarrer le travail, pensez aux questions qui permettent de faire le tour d'un sujet :
– Qui ?
– Quoi (les faits, le problème) ?
– Quand (la date, l'époque) ?
– Comment (les moyens, le déroulement) ?
– Combien (les quantités, les mesures) ?
– Pourquoi (les causes) ?
– Pour quoi (en deux mots : les motifs, les buts) ?
– Quelles conséquences ?
– Quelles solutions ?

Vous pouvez croiser ces questions entre elles (pourquoi, où...) et les croiser avec diverses prépositions (avec qui, pour qui...).

2. Vos questions listées, reportez-vous au texte de l'article page 116 et comparez.

Certaines questions sont-elles restées sans réponse ? Dans ce cas, pensez-vous qu'elles étaient utiles ? Si vous répondez par l'affirmative, il se peut que l'article soit incomplet (peut-être par manque de place...). Si vous répondez par la négative, votre problématique était trop riche par rapport à l'ampleur du texte.

L'article apporte-t-il des informations que vous n'aviez pas prévues ? Oui ? Alors, entraînez-vous au questionnement à l'aide des pistes fournies plus haut. Celles-ci vous seront également utiles pour «faire la chasse aux idées» lorsque vous serez non plus lecteur mais auteur, elles vous éviteront l'angoisse de la page blanche...

Objectif : savoir manier la lecture écrémage.

Exercice 2

1. Choisissez un article de magazine.
2. Lisez le titre et le chapeau de l'article.
3. Lisez le premier paragraphe (l'introduction).
4. Lisez le dernier paragraphe (la conclusion).
5. Lisez les intertitres.
6. Lisez la première et, dans le cas de paragraphe long, la dernière phrase de chaque paragraphe.
7. Notez les points qui, selon vous, sont abordés dans l'article.
8. Pour vous assurer que la lecture écrémage vous a permis de saisir les points essentiels, lisez le texte en lecture intégrale et comparez. Votre système limbique, convaincu de la fiabilité de cette stratégie pour avoir une idée du contenu d'un écrit, sera plus enclin à l'utiliser.

→ Renouvelez la stratégie de l'écrémage chaque fois que vous en avez l'occasion.

3. Repérer

3.1 Qu'est-ce que la lecture repérage ?

La lecture repérage consiste à **saisir une information précise** : un nom, un chiffre, une réponse à une question ponctuelle. L'espace à prendre en compte ayant éventuellement été déterminé par les stratégies de l'exploration et de l'écrémage, le lecteur parcourt l'écrit à la recherche du renseignement désiré : son regard est sélectif.

3.2 Quand pratiquer la lecture repérage ?

Certains documents appellent obligatoirement cette technique de lecture et sont conçus pour la favoriser : index, dictionnaires, annuaires… Mais tous les types de texte, y compris les œuvres littéraires, peuvent s'y prêter. Si, pour vous distraire ou vous cultiver, vous lisez un roman, vous le lisez sans doute en entier : votre lecture est intégrale. Si vous lisez ce même roman pour dégager un certain nombre d'éléments (les lieux, les personnages, les dialogues…) ou encore pour retrouver une citation, vous utilisez la technique du repérage.

La conduite de la lecture dépend donc de la nature de l'écrit mais aussi du projet du lecteur. C'est pourquoi il est important de le déterminer au départ : pour quoi lisez-vous ? Dans quel but ? L'esprit guide l'œil.

3.3 Comment améliorer la lecture repérage ?

Vous avez tous eu l'occasion de pratiquer cette stratégie. Il ne s'agit pas de la découvrir (vous n'avez jamais lu un dictionnaire comme un poème) mais de la parfaire, de la rendre plus performante sur tous les types de texte. Cela nécessite une grande mobilité oculaire : l'œil, tel un radar, doit parcourir les lignes afin de détecter l'information désirée. C'est une habileté que vous avez déjà exercée dans le module 1. Vous allez y ajouter la maîtrise des trois balayages.

3.4 Trois balayages pour un repérage opérationnel

Le balayage horizontal est le plus fréquent pour vous. Il s'agit de parcourir les lignes de gauche à droite. Il est utile pour repérer des éléments dans un texte aux lignes continues de huit-neuf mots au minimum, par exemple les termes se rapportant à un champ lexical.

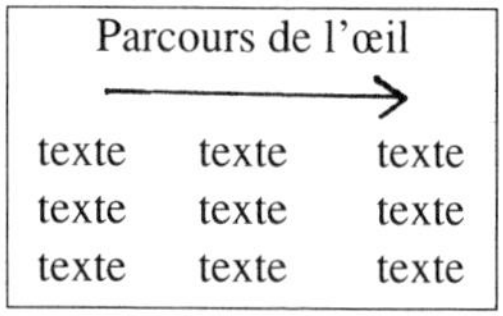

Le balayage horizontal

Perfectionnez cette technique :
- en accélérant la vitesse ;
- en commençant votre parcours au deuxième mot de chaque ligne et en le terminant à l'avant-dernier (voir p. 46).

Le balayage vertical consiste, lui, à parcourir les lignes de haut en bas. Il est à mettre en œuvre lorsque vous vous trouvez en présence de listes, de textes en colonnes étroites.

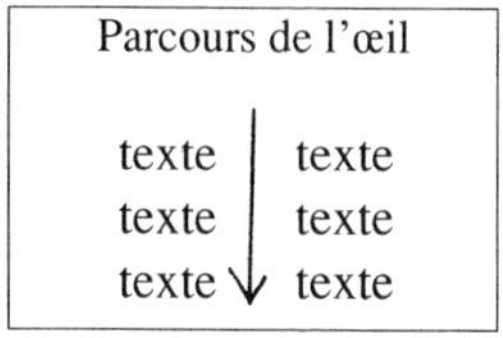

Le balayage horizontal

Perfectionnez cette technique :
- en accélérant la vitesse ;
- en fixant le milieu des lignes ;
- en saisissant deux lignes à la fois.

Le balayage diagonal consiste à parcourir un texte en «zig-zag», en sautant des lignes. Il est indiqué pour détecter, dans un texte, la phrase qui contient la réponse à une question, cette phrase pouvant ensuite être reprise en lecture intégrale afin d'extraire l'information.

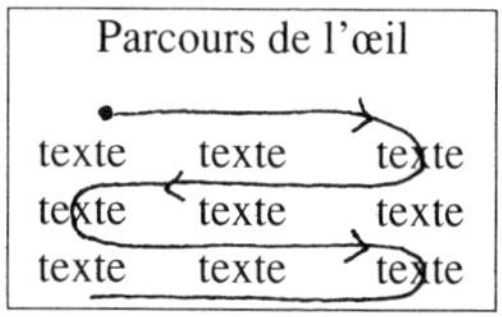

Le balayage diagonal

C'est sans doute la technique que vous connaissez le moins. Exercez-vous à la mettre en œuvre en pensant à toujours rester en retrait par rapport au début et à la fin des lignes.

Même si chaque type de balayage est plus indiqué dans tel ou tel cas, vous pouvez très bien utiliser les trois techniques en alternance selon la présentation matérielle du texte et selon le type d'information que vous recherchez. Quel que soit le procédé mis en œuvre, ayez recours à un crayon, à un stylo... pour guider votre parcours.

Vous allez maintenant vous entraîner aux trois balayages, mais les gammes ne représentent qu'une étape pour comprendre la technique. Pour que les stratégies soient réellement intégrées, utilisez-les dans toutes vos lectures de recherche, les occasions ne manquent pas. Ne débutez jamais une lecture sans avoir choisi la manière dont vous allez la conduire, même si, en cours de route, vous devez modifier votre trajectoire selon vos rencontres.

À ce stade de votre entraînement, vous êtes en mesure de brosser le portrait du lecteur performant. Quelles sont ses caractéristiques ? Récapitulez-les avant de lire ce qui suit.

....

Comparez avec vos réponses au questionnaire page 25.

Bref, souvenez-vous

- Un lecteur performant va de l'avant, sans hésiter.
- Un lecteur performant lit essentiellement des yeux.
- Un lecteur performant possède un œil précis et habile, voyant beaucoup à la fois.
- Un lecteur performant lit vite. Il est préférable, pour comprendre un texte, de le lire rapidement plusieurs fois, sous des angles différents, que de le lire une seule fois lentement.
- Un lecteur performant est un lecteur actif : il participe à la construction du sens, prévoit, questionne.
- Un lecteur performant ne se précipite pas tête baissée dans la lecture d'un document. Il prend des points de repère, il s'oriente grâce aux guides mis à sa disposition.
- Un lecteur performant prend une vue d'ensemble de la page qu'il va aborder.

• Un lecteur performant utilise des stratégies pour localiser les passages qui l'intéressent. Il peut s'imprégner à loisir des points essentiels au lieu de s'attarder sur des détails.
• Un lecteur performant s'adapte au terrain, sa lecture est flexible. De même que l'automobiliste ne conduit pas de la même façon sur une autoroute, sur une route secondaire ou dans une agglomération, le lecteur judicieux ne conduit pas sa lecture de façon identique pour tous les écrits. Il modifie son comportement selon les difficultés du trajet. Tantôt, il lit vite, tantôt il lit lentement, tantôt il lit partiellement, tantôt il lit intégralement. Il est débarrassé de ses scrupules scolaires : il n'est pas rivé au mot à mot, il «saute» comme bon lui semble.
• Un lecteur performant est un lecteur qui prend de la distance visuellement et intellectuellement. Il tire parti de son cerveau droit qui a besoin de prendre de la hauteur pour saisir des ensembles, des structures. L'aigle ne voit pas le paysage de la même façon qu'une fourmi. Il faut, tour à tour, être aigle et fourmi.

ENTRAÎNEMENT

Première série

Objectif : maîtriser le balayage horizontal pour repérer l'information.

Parcourez rapidement chaque série de mots afin de repérer le terme générique, c'est-à-dire le terme plus général qui englobe tous les autres.

➜ Utilisez un guide visuel que vous déplacez le plus rapidement possible le long des lignes.

* *Exercice 1*

... Top chrono

1. aluminium – acier – métal – nickel – fer – bronze – or – argent – cuivre.
2. effluve – fumet – parfum – arôme – relent – pestilence – émanation – exhalaison – fumet – odeur.
3. banquet – festin – pique-nique – dîner – collation – repas – déjeuner – souper – lunch – goûter.

4. luire – étinceler – éblouir – briller – chatoyer – scintiller – miroiter – rutiler – irradier – réverbère – resplendir.
5. armoire – pupitre – bahut – coffre – vitrine – canapé – meuble – coiffeuse – guéridon – dressoir – table – banc – divan – bergère – secrétaire.
6. effroi – crainte – appréhension – affolement – affres – peur – terreur – frayeur – épouvante – panique – émoi – angoisse – anxiété – trac.
7. lettre – dépêche – missive – pli – carte-lettre – télégramme – lettre recommandée – mandat-carte – correspondance – télex.
8. brouhaha – tintamarre – charivari – chahut – tumulte – vacarme – bruit – tapage – clameur – murmure – rumeur – tohu-bohu – bacchanal – grabuge.
9. arbalète – sabre – hallebarde – javelot – mousquet – fronde – arme – fusil – carabine – arquebuse – mitrailleuse – glaive.
10. pluie – cyclone – bourrasque – tempête – verglas – intempérie – neige – ouragan – crachin – brouillard – givre – orage – typhon – tornade.

Top chrono ...
Temps mis : ... Nombre de réponses exactes : ...

*** Exercice 2**

... Top chrono

1. ballade – cantate – complainte – élégie – épigramme – épopée – fabliau – hymne – poème – lai – fable – madrigal – ode – sonnet – vaudeville – tragédie.
2. livre – revue – périodique – prospectus – brochure – annuaire – catalogue – publication – ouvrage – notice – quotidien – magazine.
3. concert – air – mélodie – orchestre – rock – choeur – festival – opéra – sonate – jazz – concerto – musique – fugue – interlude – impromptu – quatuor – sérénade – sonate – symphonie.
4. avenue – artère – chemin – route – voie – allée – rue – passage – boulevard – sentier – galerie – venelle – tunnel.
5. manoir – château – hutte – cabane – immeuble – igloo – villa – habitation – case – appartement – chalet – bungalow – pavillon.
6. alacrité – bonheur – contentement – euphorie – ravissement – enthousiasme – hilarité – gaieté – liesse – enjouement – joie – entrain – satisfaction – enchantement.

7. s'absenter – disparaître – voyager – s'éloigner – s'esquiver – fuir – partir – s'enfuir – s'embarquer – démarrer – décoller – déménager – s'exiler – immigrer – déserter – quitter – décamper – déguerpir .
8. plaisir – colère – pitié – amour – compassion – envie – enthousiasme – affection – haine – jalousie – hostilité – cupidité – égoïsme– sentiment – trouble – fureur – calme.
9. concevoir – penser – méditer – réfléchir – songer – se figurer – abstraire – conjecturer – juger – se représenter – raisonner – spéculer – déduire – analyser – raisonner – combiner – imaginer.
10. contempler – admirer – examiner – inspecter – guetter – regarder – épier – espionner – surveiller – observer – viser – mirer – envisager – toiser – dévisager – considérer.

... Top chrono
Temps mis : ... Nombre de réponses exactes : ...

Deuxième série

Objectif : maîtriser le balayage vertical pour repérer l'information.

Parcourez rapidement les trois listes afin de repérer le synonyme de chacun des dix mots proposés.

**** Exercice 1***

Top chrono : ...

1. irascible – 2. agile – 3. superficiel – 4. splendide – 5. accuser – 6. caustique – 7. accroître – 8. égratigner – 9. étrangeté – 10. exclusivement.

frêle	inconcevable	uniquement
augmenter	vif	attribuer
inlassable	essouffler	sarcastique
magnétique	significatif	magnitude
magnifique	singularité	vil
opportuniste	incriminer	frivole
irresponsable	inextricable	irrégulier
maléfique	contestable	auditionner
érafler	irritable	méthodique
protocole	fanatique	singulier

... Top chrono
Temps mis : Nombre de réponses exactes : ...

**** Exercice 2***

Top chrono ...

1. authenticité – 2. clarifier – 3. isolement – 4. convention – 5. controverse – 6. exempter – 7. compact – 8. irrémédiable – 9. enchevêtrer – 10. entièrement.

passivité	déposer	trahir
versalité	disperser	travée
décanter	solitude	polémique
phonétique	volubilité	dédier
disputer	irrévocable	complètement
versifier	constamment	disposer
complément	véracité	comportement
politique	couramment	traité
fanatique	trait	trêve
dense	dispenser	embrouiller

... Top chrono
Temps mis : ... Nombre de réponses exactes : ...

Troisième série

Objectif : maîtriser le balayage diagonal pour repérer l'information.

Parcourez le texte afin de trouver la réponse à la première question, puis à la deuxième, etc.

→ Déplacez votre guide visuel en zig-zag jusqu'à ce que vous détectiez la phrase qui vous paraît devoir contenir l'information.

Top chrono ...

Questions

C'est à dessein que les questions ne suivent pas l'ordre du texte : votre regard s'habitue ainsi à sillonner rapidement les lignes.

1. Quelles sont les trois sortes de journaux présentés dans cet article ?
2. Quelle est la principale supériorité de l'historien sur le journaliste pour éviter les erreurs ?
3. Citez trois comportements où ne pas avoir d'opinion révèle, en réalité, une opinion.
4. Quels sont les neuf moyens dont dispose le journaliste pour éviter les erreurs ?
5. Quels sont les deux termes utilisés par l'auteur de l'article pour qualifier ceux qui doivent éviter de choisir le journalisme comme profession ?
6. Quelles sont les deux principales sources d'erreurs dans la relation d'un événement ?

Les difficultés de l'information

Le journaliste est un observateur qui rend compte d'événements dont il n'est pas toujours le témoin direct ; il doit faire confiance à des informateurs : correspondants, agences et lecteurs, qui eux-mêmes ne sont pas toujours les témoins directs de l'événement et dont les versions sont souvent différentes. Du journaliste, on a dit qu'il était l'historien de l'instant. Il y a contradiction dans les termes. L'historien, à la différence du journaliste, dispose de tout le recul nécessaire, dans l'espace et dans le temps. Mais, alors qu'il peut à loisir utiliser témoignages et documents, il peut lui-même se tromper non pas seulement sur l'interprétation des événements mais sur leur déroulement, voire sur leur réalité.

Face à cette difficulté qui consiste à établir en quelques heures, ou quelques minutes, la vérité ou la vraisemblance d'un fait, un journal n'est pas dépourvu de moyens ; il peut et doit multiplier les sources d'information, recouper et vérifier les nouvelles, publier plusieurs versions, user, bien sûr sans trop en abuser, du conditionnel, qui n'est pas une clause de style, et enfin, et surtout, compléter ou corriger quand la lacune ou l'erreur est par trop manifeste.

Si l'erreur de fait est possible, l'erreur de jugement ne l'est pas moins. Toutes deux peuvent être substantiellement liées. Le jugement du journaliste, de tout journaliste, commence au moment où il apprécie la valeur, la signification, la portée ou simplement la réalité d'un événement. Dès cet instant, il entre inévitablement un élément de subjectivité dans sa décision. S'il n'en était pas ainsi, tous les journaux donneraient la même place et la même importance aux événements, et, dans un même journal tous les rédacteurs seraient instantanément d'accord à chaque étape de son élaboration : choix, volume, place de l'information. À la limite, on peut faire sienne la formule de ce professeur de journalisme : la nouvelle n'est pas un objet mais le produit d'un jugement.

Le journal a un autre moyen de faire face à cette difficulté : publier le plus grand nombre possible d'informations sur le même événement ou sur des événements différents. Le risque d'erreur ou d'omission (de fait ou de jugement) est alors d'autant moins grand. Le lecteur a l'assurance ou l'espoir que rien d'important ou de significatif ne lui sera dissimulé. L'objectivité naît ainsi, d'une certaine façon, de l'abondance des nouvelles, mais cet effort suppose un volume qui n'est pas permis à tous les journaux.

Il est un dernier moyen de faire face aux difficultés quotidiennes de l'information (...) c'est d'attendre, pour en parler, que l'événement ait pris définitivement tournure, qu'il soit achevé dans sa durée et dans sa forme. Certes, à trop s'approcher d'un événement chaud, on risque de se brûler les doigts. Mais un journalisme refroidi est-il du journalisme ? Il est plus prudent et plus confortable de se tenir à distance et d'attendre, pour présenter un fait inquiétant, exprimer une vérité cruelle, que l'opinion soit préparée à les recevoir, prête à les accepter... (...) Le journalisme, c'est la vie, la vie mouvante, passionnée, troublante ; les apeurés et les frileux n'ont guère plus de place ou de rôle dans la vie que dans le journalisme.

Cet effort d'information plus ou moins bien accompli, un journal a le droit et le devoir d'émettre une opinion.

Il y a à cet égard trois sortes de journaux.

Ceux qui se disent – ou que l'on dit – d'information et seulement d'information. Mais en est-il un seul qui le soit ? Car ne pas avoir d'opinion, c'est encore en avoir une. Ne pas choisir, ou en donner l'impression, entre le vrai, le vraisemblable et le faux, entre ce que l'on croit être le bien ou le mal, entre le significatif et le non significatif, c'est bien avoir une opinion, le plus souvent conservatrice. Quand un homme ou un pays souffre d'une injustice grave, l'indifférence est une opinion. Quand un crime est commis, individuel ou collectif, fût-ce au nom de la raison d'État, le silence est une opinion. Et le mensonge par omission peut être la pire des opinions.

Il y a, à l'opposé, ceux qui, étant au service d'un parti, d'une idéologie, d'une confession et, a fortiori, d'un intérêt, en sont l'expression officielle.

Il y a enfin les journaux matériellement et politiquement indépendants, qui expriment librement une opinion mais en présentant auparavant le plus grand nombre possible d'éléments d'information et de réflexion.

Se prononcer lorsqu'un choix simple et grave se pose au pays – ratification d'un traité, référendum, élections nationales – mais après avoir publié les documents, fait écho aux débats et aux points de vue les plus différents : s'il fait cet effort, un journal indépendant a le droit d'émettre un jugement qui s'impose d'autant moins au lecteur que celui-ci aura tous les éléments de son propre jugement. Il en a le devoir, car le lecteur a le droit de connaître l'opinion de son journal, ne serait-ce que pour la confronter à la sienne, l'approuver ou la rejeter.

Jacques Fauvet, «Difficultés de l'information»,
Le Monde, 27 mai 1977.

... Top chrono

Temps mis : ... Nombre de réponses exactes : ...

LE MODULE EN SCHÉMAS

Schéma 1 : sélectionner un livre

Lecteur ◄——► Livre

correspondance

La sélection du livre se fait en fonction de la **pertinence du livre par rapport aux attentes du lecteur** (projet, sujet, connaissances antérieures, temps disponible…) **ainsi qu'en fonction de sa valeur**. Des coups d'œil à divers endroits permettent d'apprécier la correspondance entre le lecteur et le livre.

Un **coup d'œil** sur :

- Première page de couverture = auteur, titre, éditeur, collection
- Dernière page de couverture =
présentation du livre (sujet, public visé) + présentation de l'auteur
- Date de publication
- Avant-propos ou préface
- Conclusion ou épilogue
- Table des matières
- Index
- Bibliographie
- Début et fin du premier chapitre
- Mise en page = organisation, typographie
- Lecture de quelques lignes à divers endroits = style, vocabulaire, tonalité
- Nombre de pages

Schéma 2 : sélectionner un texte

Lecteur ⟷ Livre

correspondance

Parcourez :

- INTRODUCTION = Paragraphe 1 → éveille l'intérêt ; présente le sujet ; annonce les grandes étapes
- DÉVELOPPEMENT
  - Paragraphe 2 Première ou /et dernière phrase
  - Paragraphe 3 Première ou/et dernière phrase

  → établit le lien entre deux paragraphes ; contient l'idée principale du paragraphe
- CONCLUSION Dernier paragraphe → fait le point ; synthétise le contenu

Un lecteur stratège lit les endroits charnières

Schéma 3 : fonctionnement d'un paragraphe

Idée principale + idées complémentaires (faits, exemples, preuves…)	Idées complémentaires (faits, exemples…) → idée principale
Paragraphe bâti sur une **structure inductive**	Paragraphe bâti sur une **structure déductive**

MODULE 3 : ENREGISTRER SES LECTURES

Au cours des années passées au lycée, à l'université, le principal objectif de vos lectures consiste à étudier, à assimiler de nouvelles connaissances. Pour cela, il est nécessaire que vous sachiez :
– dégager tout le contenu des textes, des cours par une **lecture approfondie** ;
– capter ce contenu par la **prise de notes** la mieux adaptée.

Ce module est là pour vous aider à mener à bien ces opérations primordiales.

QUESTIONNAIRE : VOUS ET LA PRISE DE NOTES

Avant de commencer ce module, faites le point sur vos représentations dans le domaine de la prise de notes.

Que pensez-vous des affirmations suivantes ? Cochez la case correspondant à votre réponse en évitant, autant que faire se peut, la troisième possibilité : NSP (= Ne Sais Pas).

	V	F	NSP
1. Il existe de nombreux moyens pour prendre des notes.			
2. Il ne faut jamais écrire sur un livre, même s'il vous appartient.			
3. La prise de notes permet une meilleure mémorisation que la seule lecture.			

	V	F	NSP
4. Prendre des notes sur un cahier est la meilleure formule.			
5. La prise de notes doit s'effectuer au fil de la lecture.			
6. Il est préférable de noter le maximum d'éléments, des phrases entières si possible.			
7. Photocopier ou prendre des notes, le résultat est le même.			
8. Pour réviser un cours, il faut le relire en entier.			
9. Pour faire un exposé, il est préférable de rédiger ses notes de manière à éviter les trous de mémoire.			
10. La disposition de la prise de notes est importante.			

1. La lecture approfondie

1.1 La base de toute étude

La lecture approfondie permet d'analyser le contenu d'un texte, c'est-à-dire de :

– sérier les grandes parties, la structure ;
– cerner les éléments d'information ;
– saisir les relations qui existent entre ces éléments ;
– distinguer l'importance relative de ces éléments, leur enchaînement.

La lecture approfondie permet donc de «comprendre» au sens étymologique du terme : «prendre ensemble», dégager les liens qui unissent les différentes idées, pour «prendre avec soi», assimiler.

1.2 Itinéraire en huit étapes

Comment mettre en œuvre une lecture approfondie ? L'itinéraire que je vous propose a fait ses preuves. Vous pouvez vous en inspirer. N'oubliez jamais, avant de commencer, le temps t–1, la mise sur orbite (voir p. 33). Votre travail s'effectuera beaucoup plus aisément. Éclairez cet itinéraire en vous reportant à l'exemple fourni p. 95.

1re étape : survolez

S'aventurer dans un pays inconnu sans prendre de points de repère comporte des risques. Il en est de même lorsque vous abordez un écrit. Si vous commencez la lecture au premier mot, sans avoir balisé la piste, vous risquez de vous égarer. Il est plus judicieux de prendre d'abord une vue d'ensemble du cours ou du chapitre en explorant :

– les titres, les sous-titres ;
– la numérotation ;
– les illustrations ;
– les mots dégagés par la typographie.

Cette perception globale, comparable à celle que vous avez d'un avion, mobilise essentiellement le cerveau droit. Elle est très rassurante dans la mesure où elle vous donne la sensation, tout à fait justifiée, de dominer la situation.

2e étape : questionnez

Le survol vous a permis de saisir quelques informations. Avant de continuer, énoncez vos attentes : que voulez-vous savoir ? Quelles informations ce texte va-t-il vous apporter ? Ou encore : qui, quoi, où, quand, comment, combien, pourquoi, dans quel but, quelles preuves, quelles conséquences, quelles solutions ? (Voir le questionnement proposé p. 65). Listez vos interrogations. Cette démarche est essentielle pour deux raisons.

Tout d'abord, le questionnement contribue à créer une **attitude mentale active**. Il met votre curiosité en éveil : vous entrez dans le texte, concentré et motivé, parce que vous cherchez des réponses.

De plus, si vous devez réaliser un texte personnel à partir de vos lectures (dossier, exposé...), votre esprit est prêt à **filtrer l'information**, à garder uniquement ce qui présente un intérêt pour votre projet. Sans questions précises, tout est bon à prendre : pourquoi ne pas recopier, voire photocopier ?

«Savoir poser les questions est déjà savoir à moitié», Aristote, auteur de cette phrase, le soulignait déjà.

3e étape : lisez

Lisez toujours les textes avec l'intention d'en retrouver le contenu. Dans un premier temps, la meilleure tactique consiste à poursuivre la lecture jusqu'au bout sans s'arrêter sur les mots ou sur les points obscurs. Ceux-ci gênent rarement la compréhension de ce qui suit. L'abandon provisoire présente divers avantages. En effet, que se passe-t-il dans ce cas ?

– Le cerveau peut fonctionner selon son mécanisme normal qui est de compléter ce qui manque. Chacun de vous se souvient sans doute d'une question d'examen à laquelle il ne pouvait pas répondre lors de la première lecture et dont la solution lui a paru évidente lorsqu'il y est revenu un peu plus tard.

– En laissant momentanément les difficultés de côté, vous les abordez ensuite en ayant à votre disposition plus d'informations et en tenant compte du contexte. Vous êtes alors mieux armé pour les aplanir.

– La tension diminue car vous continuez à avancer.

Lorsque votre lecture sera terminée, vous pourrez avoir recours au dictionnaire pour chercher la signification des mots inconnus.

4e étape : retrouvez les grandes parties

La photographie d'ensemble prise lors de la première étape constitue déjà un moyen de sérier les grandes parties du texte. Lors du survol, en effet, certains éléments se détachent nettement : titres, sous-titres, numérotation, mots importants mis en valeur...

La division en paragraphes se révèle également un guide précieux, en particulier pour les textes courts ne comportant pas les éléments mentionnés plus haut. Un paragraphe bien construit est bâti autour d'une idée principale, facile à retrouver car elle se situe au début ou à la fin du paragraphe (voir p. 64). Cette idée principale est suivie ou précédée d'idées complémentaires qui ont pour fonction, selon les cas, de la développer, de la préciser, de l'illustrer par des exemples, des faits, de la justifier par des preuves, des arguments.

5e étape : détecter les mots clés

• Qu'entend-on par mot clé ?

Ce sont les mots indispensables pour comprendre et retenir le message, les mots porteurs du sens principal (les «supermots»). Ils canalisent en eux une série d'informations et, lorsqu'on fait appel à eux, ils déclenchent le retour de cette série d'informations.

• Comment reconnaître les mots clés ?

Peut-être, déjà, à leur «habillement» : les mots en caractères gras, par exemple, sont toujours des mots essentiels, donc des mots clés. Mais d'autres mots, non dégagés par la typographie, les sont aussi. Pour comprendre le principe de repérage des mots clés, imaginons que vous ayez à préparer un télégramme payé au mot pour transmettre les informations contenues dans cette phrase : «Nous arriverons dimanche à 9 h à la gare de Lyon.»

Que notez-vous ? Sans doute : «arriverons dimanche 9 h gare Lyon».

Vous avez éliminé les mots «vides», nécessaires uniquement par respect de la syntaxe, et gardé les mots «pleins», les mots signifiants. En effet, dans un texte, tous les mots ne se valent pas : certains renferment peu d'information, d'autres au contraire en contiennent beaucoup. Les mots clés font partie de cette deuxième catégorie. Ces termes, **sémantiquement forts**, sont généralement des noms, des verbes, des adjectifs.

Vous pouvez également partir de la structure de base : le couple **thème + prédicat**. Le thème, du grec *thema*, «sujet posé», c'est la chose que l'auteur pose dans son affirmation : le sujet. Le prédicat, du latin *praedicatum*, «chose énoncée», c'est ce que l'auteur affirme : le jugement qu'il prononce à partir du thème.

Exemple : «La Guyane possède de vastes forêts.»

Le thème, ce dont on parle, c'est la «Guyane» ; le prédicat, ce qui se dit à propos du thème, c'est «possède de vastes forêts».

• Comment procéder ?

Les mots clés détectés, concrétisez ce repérage.

Si le livre ou le document vous appartient, encadrez, entourez ou, mieux, surlignez-les. La pratique du **surlignement** est beaucoup plus dynamique que le soulignement souvent pratiqué. Celui-ci représente une survivance du processus de lecture linéaire. Tout ce qui peut amener le regard à couvrir une surface plutôt qu'à suivre de manière linéaire est conseillé. Vous vous libérez ainsi du mot à mot pour parvenir à une lecture spatiale.

Évitez le surlignement abusif, surtout en première lecture. Les mots qui frappent d'emblée ne sont pas toujours les plus pertinents et le surlignement opéré gêne alors les lectures ultérieures qui ne sont plus objectives.

Si le document ne vous appartient pas, notez les mots-clés.

6e étape : détectez les connecteurs d'articulation

• Qu'entend-on par connecteurs d'articulation logique ?

Ce sont des mots ou expressions qui ne représentent pas des idées comme les mots clés mais les organisent. Ils indiquent les relations entre les différents éléments du texte, ils balisent le parcours : ainsi, donc, néanmoins, d'une part, d'autre part (reportez-vous au tableau ci-après). Grâce à ces outils, vous savez si l'auteur développe, compare, déduit, conclut...

• Comment détecter les connecteurs d'articulation ?

La recherche de ces mots est souvent facilitée par leur position : ils se trouvent généralement au début des phrases ou des paragraphes.

Dans certains cas, la ponctuation joue le rôle de connecteur d'articulation. Par exemple, «deux points» annonce un développement ou une explication. On trouve aussi des expressions complètes : «Le premier point abordé sera...», «Nous étudierons d'abord...», etc.

• Comment procéder ?

Les connecteurs détectés, surlignez-les d'une autre couleur que les mots clés. Vous pouvez également, si le document n'est pas votre propriété, les traduire par un signe mathématique comme dans le tableau proposé.

7e étape : évoquez

Texte à l'écart, essayez de **retrouver le contenu** dans votre gestion mentale préférentielle.

Vous êtes plutôt auditif (cerveau gauche prédominant) ? Reformulez le texte avec vos propres mots.

Vous êtes plutôt visuel (cerveau droit prédominant) ? Revoyez le texte dans votre tête, faites-le défiler comme un film.

Quel que soit le procédé utilisé, cette évocation mentale est essentielle. En effet, elle vous permet de vous approprier le texte : on retient mieux ce qui appartient à soi que ce qui appartient à autrui. Par ailleurs, elle vous révèle votre taux de compréhension, de rétention : c'est la minute de vérité. Si vous prenez l'habitude de la mettre en œuvre, elle donnera très vite des résultats spectaculaires.

Vous pouvez aussi doubler l'évocation visuelle par une évocation auditive et vice versa : la mémorisation en sera facilitée (voir le module de lancement).

Tableau des principaux connecteurs d'articulation logique

Connecteurs d'articulation	Rôle	Signes pouvant les traduire
Aussi D'autre part De même De plus Également Encore En outre Ensuite Et Par ailleurs Puis Quant à	Ils développent l'idée	Signe d'addition +
Ainsi C'est-à-dire Citons Notamment Par exemple	Ils précisent ou illustrent l'idée	Signe d'addition +

Connecteurs	Rôle	Signes pouvant les traduire
Ainsi Aussi Ce qui C'est pourquoi Dès lors Donc D'où En conséquence Par suite	Ils introduisent les conséquences	Flèche →
Car Dû à En effet Parce que Puisque	Ils indiquent les causes ou apportent des preuves	Flèche inversée ←
Cependant En revanche Mais Malheureusement Néanmoins Pourtant Toutefois	Ils changent l'idée (opposition) ou l'atténuent	Signe «différent de » ≠
Ainsi Donc En bref, bref En définitive En résumé Finalement Pour conclure	Ils introduisent la conclusion	Trois flèches → → →

Attention ! Certains connecteurs d'articulation peuvent avoir des significations différentes (exemples : «ainsi», «aussi»). Le contexte vous permettra de lever l'ambiguïté.

8e étape : vérifiez

Revenez au texte pour contrôler : confrontez, rectifiez, complétez si besoin est. Vous éviterez ainsi les mauvaises surprises du type : «Je croyais savoir…».

Reprenez les questions notées lors de la deuxième étape. Le texte y a-t-il répondu ? Reste-t-il des points obscurs ? Ces points sont-ils importants ? Oui ? Alors, consultez d'autres livres.

Si le livre est à vous, n'hésitez pas : annotez-le. L'avantage d'un livre annoté est qu'il devient vôtre.

ENTRAÎNEMENT

Afin de ne pas trop factionner votre entraînement, les exercices consacrés au repérage des grandes parties d'un texte et des mots clés sont regroupés à la fin de la partie suivante sur la prise de notes.

Objectif : Distinguer l'idée principale des idées complémentaires, dégager le rôle des idées complémentaires.

1. Relevez, dans chaque texte, la (ou les) phrase(s) qui expriment l'idée principale.
2. Indiquez le rôle des autres phrases, les idées complémentaires.

> 1. Toutes les découvertes de la science, et surtout les applications pratiques qui en découlent, ont toujours été accueillies par des cris de joie et de triomphe. Ainsi, quand les frères Montgolfier s'élevèrent dans les airs au moyen de leur ballon de papier gonflé avec de l'air chaud ; ainsi, lorsqu'on entendit pour la première fois, grâce au téléphone, la voix humaine transmise à cent kilomètres, une véritable stupeur s'empara des témoins de ces merveilles.
>
> M. Tieche, *La Vie et ses problèmes*

2. Depuis quelques années, les amis de la nature se sont donné pour tâche de dénoncer les incessantes agressions dont elle est l'objet. Agressions contre le sol, contre l'atmosphère, contre les eaux, contre les flores, contre les faunes... Agressions par la pollution radioactive, par les insecticides et les herbicides, par les hydrocarbures... Agressions qui, soit en réduisant le potentiel nourricier de la planète, soit en empoisonnant les aliments ou l'air respirable, soit en rompant les fragiles équilibres naturels, finiront par se retourner contre l'homme.

J. Rostand, *Inquiétudes d'un biologiste*, éd. Stock.

3. La communication entre les scientifiques et le public est aujourd'hui plus importante qu'elle ne l'a jamais été. La plupart des grands problèmes de l'actualité font appel, de près ou de loin, à des connaissances scientifiques ou techniques. Ainsi en est-il de l'énergie, de l'information, de la biologie, de l'espace et des télécommunications. Même les grands thèmes sociaux et économiques, comme l'avortement, la faim dans le monde, la pollution, l'automation ou la croissance industrielle impliquent, à la base, un débat technique.

J. de Rosnay, *L'Expansion*, n° 202, 1982.

2. Prendre des notes

Après avoir passé en revue les principales questions que vous pouvez vous poser sur la prise de notes, je vous présenterai cinq procédés différents. Vous serez ainsi à même de choisir en connaissance de cause.

2.1 La prise de notes en questions

Quelles sont les sources de prise de notes ?

Elles sont multiples :

– notes à partir d'un discours oral (cours, exposé, conférence...) ;

– notes à partir d'une observation (en biologie, en sociologie, en géographie…) ;
– notes à partir de ses propres pensées («Tiens, j'ai une idée…») ;
– notes à partir d'un écrit.

Il sera principalement question, dans ce chapitre, des notes relevées à partir d'un écrit mais les techniques proposées pourront être utilisées avec profit pour d'autres sources, la base étant identique.

En quoi est-il important de prendre des notes ?

La prise de notes a pour principal objectif de garder une trace pour lutter contre l'oubli. Elle soulage le cerveau. Elle constitue, selon l'expression de Montaigne, la «mémoire de papier». Il s'agit de pouvoir retrouver le contenu du document à partir des notes.

En dehors des traces sur le papier, la prise de notes est essentielle dans l'apprentissage. Pour vous en convaincre, livrez-vous à l'expérience suivante. Lisez un texte sans rien noter. Quelque temps plus tard, essayez de vous en souvenir. Lisez un autre texte, équivalent sur le plan de la difficulté et de la longueur mais, cette fois, prenez des notes. Dans un laps de temps identique, essayez également de vous en souvenir. Comparez… Vous vous apercevrez que la rétention est nettement supérieure dans le deuxième cas. Pour prendre des notes, vous avez dû, en effet, sélectionner, élaguer, séparer l'essentiel de l'accessoire. Le travail intellectuel, plus important que dans la seule lecture, a entraîné une meilleure mémorisation.

Tout ceci confirme que plus l'information est traitée, plus elle est assimilée. La prise de notes est donc une activité essentielle dans l'appropriation de nouvelles connaissances. **Elle facilite la compréhension et la mémorisation**.

Pour quoi prenez-vous des notes ?

Vous avez bien lu : j'ai écrit «pour quoi» en deux mots car je veux parler des motivations qui vous amènent à prendre des notes. Il est important, dès le départ, de définir votre projet, le choix du procédé dépend en grande partie de ce dernier :

– préparer un examen (notes servant pour la mémorisation) ;
– réaliser un écrit personnel (dossier, mémoire, fiche de lecture…) ;
– faire un exposé, conduire un débat…
Le projet est la boussole qui oriente la lecture et l'anime.

Quand noter ?
Évitez de prendre des notes au fil de la lecture. Prenez d'abord connaissance du passage, du texte, du chapitre jusqu'à la fin. En effet, si vous notez sans avoir une vue d'ensemble du document, vous avez tendance à retenir beaucoup trop d'éléments.

Que noter ?
Vous avez découvert la majeure partie de la réponse à cette question dans la partie précédente (voir p. 83). Il s'agit de **conserver l'essentiel** du message : élaguer les éléments non indispensables à la compréhension, les mots «vides», garder le thème et le prédicat, les mots clés.

Vous pourrez, par ailleurs, supprimer les redondances, c'est-à-dire les répétitions d'une information déjà fournie sous une autre forme. Ces redondances, très nombreuses à l'oral parce qu'indispensables à la transmission du message, existent également dans les écrits où elles facilitent la compréhension. L'auteur annonce, développe, synthétise et, dans ces trois étapes, certaines informations se recoupent. À vous de choisir la formulation qui vous convient le mieux.

• Dans quel cas noter mot à mot ?

Le relevé intégral n'est pas toujours à éliminer. Il est parfois judicieux, notamment lorsque vous êtes en présence de :
– définitions ;
– citations ;
– formules très évocatrices que vous tenez à conserver telles quelles ; vous les placerez entre guillemets.

• Faut-il éliminer les exemples ?

La question est délicate. Accumuler les exemples est inutile mais n'en garder aucun risque de nuire à la rétention, en particulier si votre démarche est plutôt inductive. C'est sans doute le cas si le cerveau droit prédomine chez vous. Retenez donc au moins un exemple, le plus significatif, le plus évocateur pour vous.

En cas d'énumération, trouvez un terme ou une idée de recouvrement.

Exemple : «La télévision, la radio, la presse écrite, la prolongation de la scolarité effacent peu à peu les différences de langage, font disparaître le parler local, les expressions particulières à une région ou à un métier» (V. Fay, *Le Monde diplomatique*, 26 septembre 1971).

L'énumération : «La télévision, la radio, la presse écrite» peut être traduite par le terme générique «médias».

Sur quoi noter ?

Préférez les feuilles ou les fiches, infiniment plus maniables qu'un cahier. En effet, elles permettent trois opérations indispensables pour mettre à jour vos notes :
– enlever une feuille ou une fiche périmée ;
– ajouter une feuille ou une fiche apportant des informations nouvelles ;
– changer une feuille ou une fiche contre une autre.

Par ailleurs, **écrivez sur un seul côté des feuilles**. Cette pratique présente plusieurs avantages :
– pouvoir embrasser ses notes d'un seul coup d'œil, avantage de taille au moment des révisions, de la rédaction… ;
– intercaler, si besoin est, de nouvelles feuilles avec des notes complémentaires, des croquis, des schémas… ;
– pouvoir découper et coller sans avoir à recopier recto et verso.

En haut de chaque série de feuilles ou de fiches, n'oubliez pas de noter les indications suivantes :
– le sujet traduit par un ou deux mots (*exemple* : médias) ;
– l'origine de l'information : les références du document.

Comment noter ?

Vous noterez vite et bien en utilisant trois techniques de base : T.A.S.

• Écrivez en style **T**élégraphique : T.

Relevez uniquement les éléments clés comme nous l'avons vu précédemment.

Exemple : «Les conditions de vie sont difficiles dans l'Antarctique» = «conditions vie difficiles Antarctique».

• Utilisez des **A**bréviations : A.

Il n'est pas question d'apprendre la sténographie (du grec *stenos* «serré» et *graphein*, «écrire») mais de se constituer une sténographie personnelle en abrégeant certains mots. Lesquels ? Ceux qui reviennent le plus souvent dans la langue, quel que soit le sujet. Vous en trouverez quelques exemples ci-dessous, ajoutez-y vos propres abréviations. Vous pouvez aussi employer des abréviations de circonstance : «M.Â.» pour Moyen Âge, V pour vitesse… Mais, dans ce cas, indiquez au début de vos notes la signification du code utilisé.

Quelques exemples d'abréviations courantes

actuellement : actuellem[t] (tous les adverbes se terminant par «ment» peuvent être abrégés de cette manière).	développement : dvt
avant : avt	nous : ns
après : ap.	par exemple : par ex.
beaucoup : bcp	pendant : pdt
c'est-à-dire : c-à-d.	problème : pb
comme : c.	quelque chose : qch.
dans : ds	sont : st
	toujours : tjs
	tout : tt
	travail : w

• Employez des **S**ignes ou des symboles : S.

Les signes utilisés pour traduire les connecteurs d'articulation (p. 85) vous fournissent une base. Tous les symboles inspirés des mathématiques sont précieux. Là encore, étoffez la liste, constituez-vous un code personnel, toujours le même.

Bref, souvenez-vous…
- Les notes doivent être précédées d'une lecture approfondie.
- Les notes doivent permettre de retrouver le contenu du document, en son absence.
- Les notes doivent se réduire considérablement par rapport au document d'origine.

2.2 Les mille et une façons de noter

Les situations et les objectifs de prise de notes sont variés, les styles d'apprentissage le sont aussi, les procédés doivent donc être diversifiés. À moins d'être un robot, la prise de notes n'est pas un rite machinal toujours effectué de la même façon. C'est pourtant ce qui se passe généralement, faute d'apprentissage. Observez autour de vous…

De plus, de nombreuses prises de notes se présentent sous forme de mots alignés à la suite les uns des autres, rien ne ressort à part un ou deux titres. Si ces notes linéaires peuvent convenir aux cerveaux gauches, très verbaux, qu'en est-il des cerveaux droits ? Tout travail intellectuel ne nécessite-t-il pas, par ailleurs, une interrelation constante entre les deux hémisphères cérébraux ?

En réalité, il existe mille et une façons de noter. Je vais vous présenter cinq méthodes, très différentes dans leur conception.

2.3 La prise de notes structurée

Cette méthode est sans doute celle qui vous surprendra le moins. C'est donc par elle que je commence.

Comment réaliser une prise de notes structurée

Pour y parvenir, commencez par effectuer l'itinéraire de lecture approfondie (p. 80). Vous pouvez le prolonger par les opérations suivantes :
- Rédigez une ou deux phrases exprimant les idées de chaque paragraphe ou partie.

• Transformez ces idées en titres et sous-titres.

L'idée principale sera transformée en titre. Les idées complémentaires seront transformées en sous-titres. Ce procédé, appelé nominalisation, exerce à condenser, à synthétiser l'information.

• Établissez le plan du texte.

Écrivez les titres et sous-titres de manière à obtenir un plan qui mette en valeur les relations entre les divers éléments. Entre les titres et sous-titres, notez le connecteur d'articulation approprié. Dans la plupart des cas, vous pouvez le transcrire par un symbole mathématique.

Ce plan constitue l'ossature de la prise de notes. Vous n'aurez plus, à l'intérieur de ce plan, qu'à relever brièvement les informations non contenues dans les titres et sous-titres mais que vous estimez nécessaires pour retrouver le contenu par la suite. Bien souvent, le plan suffira à lui seul.

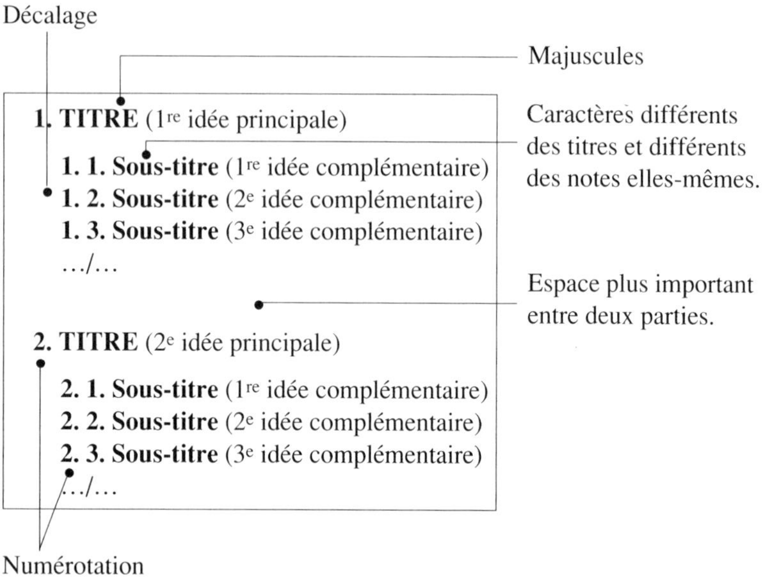

La disposition de la prise de notes structurée est fondamentale. Lorsque vous vous trouvez devant une présentation qui met en relief l'organisation des idées et leur importance relative, il vous suffit d'y jeter un coup d'œil pour reconstituer la charpente.

Pensez à utiliser des caractères et des couleurs différents pour les titres et les sous-titres ; décalez, numérotez, aérez.

Plutôt que la numérotation décimale adoptée dans le plan proposé, vous pouvez opter pour le système traditionnel.

```
I
   A
      1
         a)
            – (tiret)
              alpha, etc.
II
   A
      1
         a)
            – (tiret)
              alpha, etc.
```

Exemple de prise de notes structurée

L'information de masse

En un siècle, de l'invention du télégraphe en 1840 au début de la Seconde Guerre mondiale, toutes les bases techniques d'une information moderne de masse ont été mises en place : télégraphe (1840), rotative de journaux (1847), téléphone (1870), T.S.F. (1922), enfin télévision (1930). En même temps, la chute des royaumes et des empires autoritaires a mis partout à la mode, sinon en vigueur, la liberté d'expression. Les conditions matérielles et politiques de l'explosion de l'information étaient enfin rassemblées et bouleversaient de ce fait les habitudes de pensée et les comportements. De rare, elle devenait surabondante, de tardive, instantanée ; de coûteuse, bon marché et souvent gratuite ; de fausse… moins fausse.

Alors que pendant des siècles l'homme informé a fait figure de privilégié, l'information n'est plus, pour le citoyen des pays développés, qu'un produit de consommation qu'il n'hésite pas à gaspiller. S'il lui paraît encore un peu gênant de jeter de la nourriture ou de ne pas ouvrir un livre après l'avoir acheté, il ne sourcille même pas lorsque le poissonnier enroule ses harengs dans un journal dont personne n'a lu plus de deux colonnes. Les revues s'empilent sur les tables des abonnés qui n'ont pas le loisir de les parcourir. Les radios et les télévisions demeurent fermées, la plupart du temps, pendant que le torrent de nouvelles qu'elles débitent n'est capté que par des minorités successives d'auditeurs. Plus qu'un produit, l'information est aujourd'hui considérée, au même titre que l'eau et l'électricité, comme une ressource en permanence disponible et à laquelle on n'a accès qu'en fonction des besoins du moment ou de ses habitudes.

Le prix de l'information est, en même temps, devenu dérisoire. Pour la valeur d'une semaine de viande, on reçoit chaque jour, pendant un an, des dizaines de grandes pages bourrées d'articles. Quant aux nouvelles diffusées par la radio et la télévision, elles sont gratuites, une fois que l'on a acheté et payé la redevance d'un appareil conçu avant tout comme un instrument de loisir.

Devenue financièrement un sous-produit de la publicité, l'information, ainsi à portée de presque toutes les bourses, est la denrée moderne la plus démocratique puisque c'est la même que s'offre un ministre ou un employé de banque. Ce qui diffère entre eux, c'est que l'employé dispose, s'il le veut, de plus de temps que le ministre pour l'absorber et y réfléchir, mais que celui-ci est généralement mieux préparé pour en tirer des conclusions et s'en servir (c'est du moins ce que croit encore l'employé).

Mais de tous les progrès, le plus essentiel et le plus inachevé réside dans la qualité. L'habitude d'écrire et d'enregistrer, la recherche du fait, sa description, sa vérification, la naissance de véritables métiers de l'information ont accru en même temps sa fiabilité et les exigences du public. Il suffit néanmoins de prêter attention aux nouvelles captées en une seule journée pour mesurer la portée limitée de ces efforts. Exagérations, généralisations, simplifications excessives, omissions, mauvaises interprétations, sans insister sur une foule d'erreurs de fait, continuent à déformer les messages diffusés à profusion. Ces inexactitudes et ces contre-vérités sont d'autant plus dangereuses que l'intimidante stature des médias laisse les consommateurs de nouvelles supposer que le contenu est à la hauteur du contenant. Aussi les erreurs font-elles plus facilement leur chemin dans des esprits qui n'ont pas, comme ceux de leurs grands-parents, été formés à mettre en doute ce qu'on leur disait. Certes, la grande majorité des informations est exacte dans l'ensemble, alors qu'un siècle auparavant, la grande majorité était à l'inverse erronée. Mais cela ne rend que plus dangereuse la minorité des nouvelles qui demeure fausse et que les lecteurs même rompus à ce métier n'ont pas le moyen de discriminer des autres…

J.L. Servan-Schreiber, *Le Pouvoir d'informer*, éd. R. Laffont, 1972.

1re étape : survolez

2e étape : questionnez

3e étape : lisez

4e étape : retrouvez les grandes parties

Dans ce texte, chaque paragraphe correspond à une partie. Le premier paragraphe constitue une introduction qui annonce le thème traité : l'explosion de l'information et ses conséquences. La dernière phrase mentionne, dans l'ordre, les différents points abordés dans les paragraphes suivants.

• Comment reconnaît-on chaque partie ?

– Grâce à la disposition en paragraphes.

– Grâce à la lecture du début des paragraphes qui confirme[1] le bien-fondé du changement d'alinéa. Demandez-vous toujours : est-ce bien une idée nouvelle ? Les idées principales figurent, dans le texte proposé, au début des paragraphes comme c'est souvent le cas ; le repérage des grandes parties en est facilité.

Le dernier paragraphe pourrait éventuellement être subdivisé en deux parties : d'une part, les progrès réalisés par les médias, d'autre part les problèmes qui subsistent. Cette subdivision ne peut être effectuée matériellement, les deux parties étant enchevêtrées. J'ai donc choisi d'établir le plan en considérant le dernier paragraphe comme une seule partie. À vous d'opter pour l'autre solution si elle vous paraît plus claire. En tout état de cause, n'oubliez pas d'indiquer l'opposition entre progrès et problèmes par le symbole «≠».

5e étape : détectez les mots clés :

Vous pouvez noter les mots eux-mêmes ou les idées qu'ils représentent, c'est-à-dire opérer déjà une première traduction (exemple : «début seconde guerre mondiale» = 1939).

• Partie 1 (paragraphe 1)

1840 → 1939 – bases techniques information masse en place – fin autoritarisme → liberté d'expression – conditions matérielles + politiques explosion information rassemblées → bouleversaient habitudes pensée – surabondante – instantanée – bon marché – moins fausse.

Effectuez le même travail pour les autres parties (vous pourrez vous reporter pour comparaison au tableau de mots clés page 104).

6e étape : détectez les connecteurs d'articulation logique

• Partie 1

En même temps (contiguïté) – enfin (au sens chronologique) – de ce fait (marque la conséquence, peut être traduit par une flèche), etc.

7e étape : évoquez

---

1. Ou, dans certains textes, infirme…

8e étape : vérifiez

9e étape : rédigez une ou deux phrases exprimant les idées de chaque partie

10e étape : transformez ces idées en titres et sous-titres

• Partie 1 (paragraphe 1)
Idée principale 1 : Explosion de l'information (l'idée principale est toujours l'idée générique de tout le paragraphe).
Idée complémentaire 1 : Progrès techniques
Idée complémentaire 2 : Changements politiques et liberté d'expression
Idée complémentaire 3 : Bouleversement des mentalités, etc.

Les titres proposés ici sont des titres informatifs. Vous pouvez, pour faciliter la rétention, bâtir des titres plus proches des titres journalistiques, plus frappants. Attention cependant : évitez les titres qui, se prêtant à des interprétations diverses, risquent de déformer le contenu du message au fil des relectures.

11e étape : établissez le plan de prise de notes structurée

1. EXPLOSION DE L'INFORMATION
    1.1. Progrès techniques
    +
    1.2. Changements politiques et liberté d'expression
    ↓ ← Indique les conséquences
    1.3. Bouleversement des mentalités
    + ← Indique le développement de l'idée

2. UN PRODUIT DE CONSOMMATION COURANTE
    2.1. Autrefois, un produit rare
    ≠
    2.2. Aujourd'hui, un produit gaspillé
        2.2.1. Livres et revues non ouverts

2.2.2. Le journal-emballage
2.2.3. Radio et télévision fermées

2.3. Un produit disponible

+

3. UN PRODUIT PEU COÛTEUX

3. 1. Un produit bon marché

3.2. Des nouvelles gratuites après achat du récepteur

+

4. UN PRODUIT DÉMOCRATIQUE

4.1. Une information identique pour tous

4.2. Une différence au niveau de l'utilisation

4.2.1. Temps consacré
4.2.2. Capacité d'analyse

+

5. UN PRODUIT PLUS FIABLE MAIS…

5.1. Un métier qui s'apprend

+

5.2. Une majorité d'informations exactes

≠

5.3. Déformation de certains messages

5.3.1 Inexactitudes
5.3.2. Erreurs

+

5.4. Des consommateurs crédules

5.4.1. Des consommateurs impressionnés

5.4.2. Manque de formation à l'esprit critique

↓

5.5. Informations erronées : attention danger

2.4 Le plan schéma ou la prise de notes en arbre

Comment établir un plan schéma

Cette méthode repose sur le même principe que la méthode précédente mais sa disposition met encore plus en relief la structure des idées. De plus, pour des raisons pratiques évidentes (une page n'est pas extensible…), elle oblige à une plus grande concision.

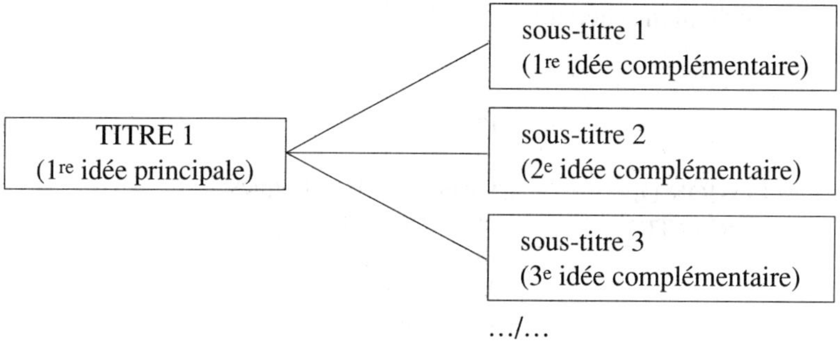

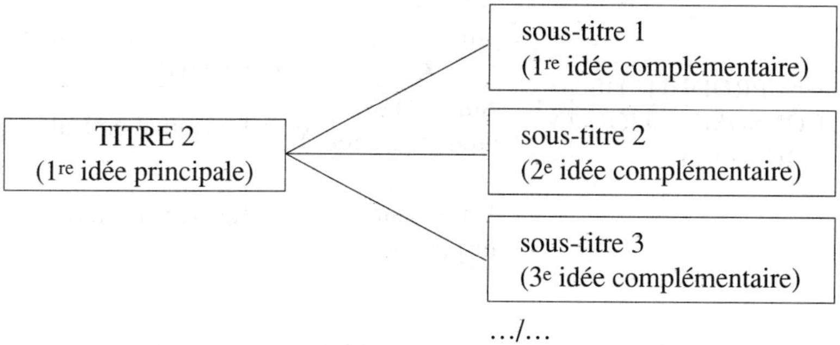

Cette prise de notes peut aussi être réalisée en utilisant la page dans l'autre sens :

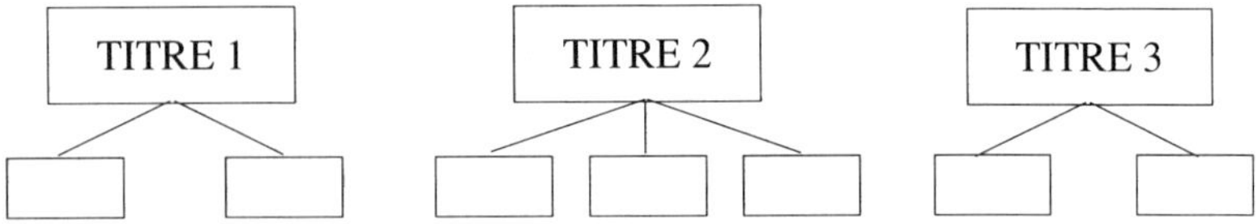

Exemple de plan schéma (texte p. 95)

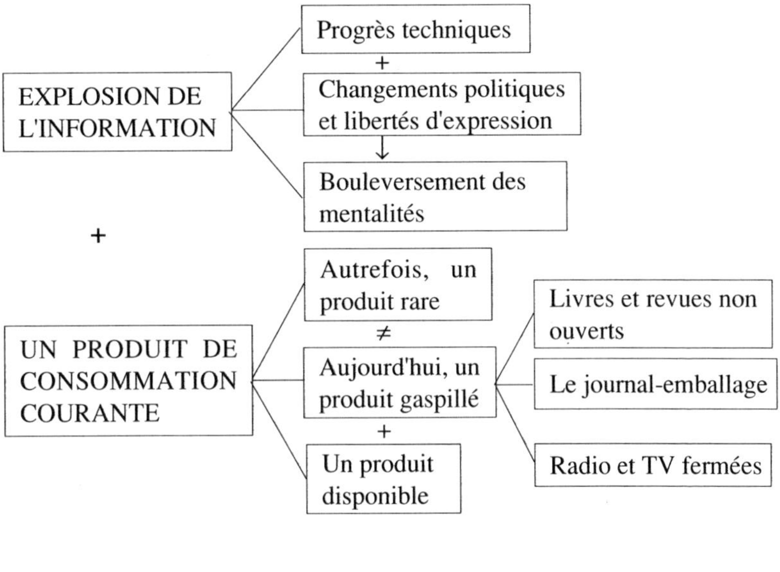

Terminez ce schéma en vous aidant de la prise de notes structurée (p. 100)

2.5 Le résumé

Le résumé est une forme de prise de notes. Les cerveaux gauches s'y sentiront à l'aise dans la mesure où il se présente sous une forme rédigée. Si vous voulez réaliser un résumé, vous pouvez établir le plan du texte (voir p. 99). Vous disposez de tous les éléments nécessaires :

– la disposition met en évidence la structure du texte ;
– les idées principales et les idées complémentaires sont identifiées ;
– les titres et sous-titres opèrent une première réduction. Ils synthétisent les idées importantes, celles qu'il faut garder ;
– les symboles entre les parties indiquent les relations entre les idées.

Il vous suffit presque de «mettre en phrase» ce plan pour aboutir au résumé. Essayez, vous serez étonné du résultat.

2.6 Le tableau de mots clés

Comment établir un tableau de mots clés

Une autre possibilité consiste à dresser un tableau de mots clés. Vous représentez verticalement les différents paragraphes ou parties. Pour chacun d'eux, vous relevez en abrégé les groupes de mots clés dégagés.

Les mots clés sont les clignotants qui vous permettent de retrouver les idées. En parcourant le tableau, vous «relisez» rapidement le texte.

	Mots clés 1	Mots clés 2	Mots clés 3	Mots clés 4	.../...
Paragraphe 1 ou partie 1					
Paragraphe 2 ou partie 2					
Paragraphe 3 ou partie 3					
.../...					

Exemple de tableau de mots clés

	Mots clés 1	Mots clés 2	Mots clés 3	Mots clés 4	Mots clés 5	Mots clés 6
§ 1	1840 → 1939	bases techniques informa-tion de masse en place	chute autorita-risme → liberté d'expres-sion	conditions matérielles + politiques explosion de l'infor-mation ras-semblées	boulever-saient habitudes pensée	
§ 2	produit consom-mation gaspillé	journal emballage	revues s'empi-lent	radios + TV fermées	ressource toujours disponible	
§ 3	imprimé prix dérisoire	informa-tions audio-visuelles gratuites				
§ 4	démocra-tique	employés + temps	ministre = meilleure analyse			
§ 5	qualité	véritables métiers	portée effets limitée	messages déformés	consom-mateurs peu criti-ques	informa-tions erronées danger

2.7 Le schéma heuristique[1]

Comment réaliser un schéma heuristique

Les méthodes précédentes étaient des méthodes séquentielles : elles se pratiquent dans l'ordre linéaire du texte. La technique du schéma heuristique est très différente. Elle consiste à placer le thème principal au centre et à laisser les idées rayonner, se ramifier, à partir de ce thème. On dispose les idées traduites par des mots clés sur des lignes qui, elles-mêmes, sont reliées à d'autres lignes.

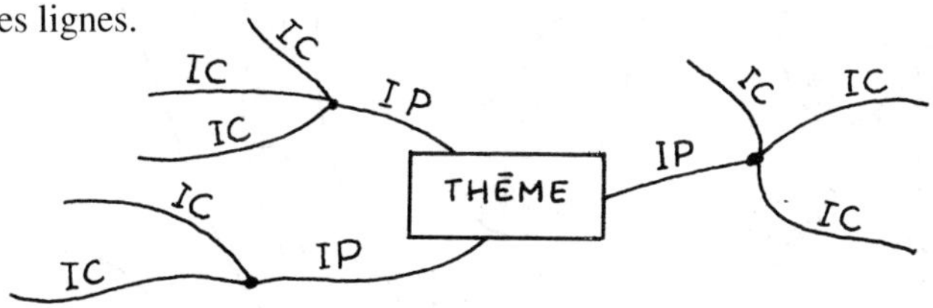

IP = idée principale
IC = idée complémentaire

L'importance relative des idées apparaît clairement : les idées principales sont près du centre, les idées complémentaires sont à la périphérie. Des couleurs, des formes géométriques ou plus fantaisistes peuvent être utilisées pour déterminer les grandes zones du schéma correspondant chacune à une partie du texte. Les liens entre les idées figurant à divers endroits sont signalés par des flèches.

Exemple de schéma heuristique

Voici un schéma heuristique se rapportant toujours au texte de la page 95. La couleur est très importante dans ce type de prise de notes. Malheureusement, le schéma fourni est en noir et blanc. Si le livre vous appartient, n'hésitez pas à entourer, surligner de différentes couleurs.

1. L'heuristique est la science des techniques et des méthodes d'invention, du grec *eurêka*, «j'ai trouvé».

Schéma

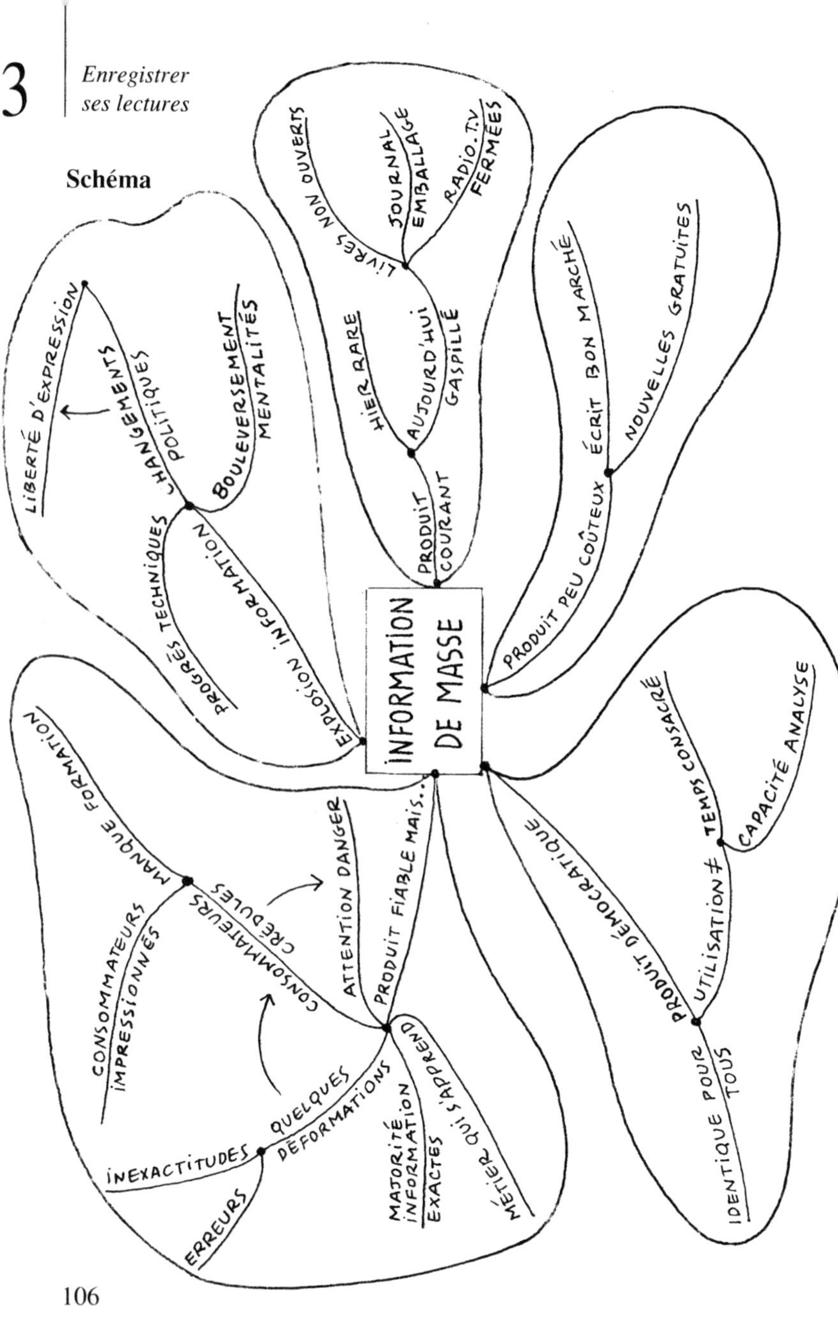
INFORMATION DE MASSE
PRODUIT COURANT
HIER RARE
AUJOURD'HUI GASPILLÉ
LIVRES NON OUVERTS
JOURNAL EMBALLAGE
RADIO. T.V FERMÉES
PRODUIT PEU COÛTEUX
ÉCRIT BON MARCHÉ
NOUVELLES GRATUITES
EXPLOSION INFORMATION
PROGRÈS TECHNIQUES
CHANGEMENTS POLITIQUES
LIBERTÉ D'EXPRESSION
BOULEVERSEMENT MENTALITÉS
PRODUIT DÉMOCRATIQUE
UTILISATION ≠
TEMPS CONSACRÉ
CAPACITÉ ANALYSE
IDENTIQUE POUR TOUS
PRODUIT FIABLE MAIS...
ATTENTION DANGER
CONSOMMATEURS CRÉDULES
MANQUE FORMATION
CONSOMMATEURS IMPRESSIONNÉS
QUELQUES DÉFORMATIONS
INEXACTITUDES
ERREURS
MAJORITÉ INFORMATION EXACTES
MÉTIER QUI S'APPREND

D'où vient le schéma heuristique ?

C'est un pédagogue anglais, Tony Buzan, qui a été un des premiers à utiliser ce type de schéma en travaillant avec des enfants en situation d'échec scolaire, dans un quartier défavorisé de Londres. Les progrès de ses élèves se révélèrent spectaculaires : ils rattrapèrent leur retard et allèrent jusqu'à dépasser la moyenne.

Plaidoyer pour le schéma heuristique

1. Cette méthode **est en accord avec le fonctionnement cérébral**. La configuration des schémas, non seulement sollicite les deux hémisphères cérébraux menant ainsi de front analyse et synthèse, mais facilite les connexions, les passages d'une idée à une autre. Elle correspond à ce que les dernières études en neurosciences ont mis en évidence : le cerveau procède essentiellement par combinaisons interactions, et non sur un mode linéaire.

2. Cette méthode **favorise la mémorisation**. La proximité des idées rend les liaisons plus aisées. Comme la mémoire fonctionne selon un processus associatif, la rétention est meilleure. Par ailleurs, il est maintenant prouvé qu'un apprentissage unique est insuffisant. En l'absence de réactivations, la mémoire ne peut jouer son rôle. Or, il est plus rapide de réviser à partir d'un schéma heuristique qu'à partir de notes linéaires, toujours plus étoffées.

De plus, chaque schéma est différent des autres : la visualisation est un moyen supplémentaire de rappel.

3. Cette méthode **favorise la création**. Les schémas heuristiques sont particulièrement précieux comme relais pour stocker des informations en vue de l'élaboration d'un texte original : dossier, exposé… Ils permettent, en effet, de déstructurer le message d'origine. Il est plus facile ensuite de construire sa propre organisation.

Chaque concept reste ouvert : vous pouvez toujours ajouter une ramification supplémentaire à votre schéma. Cette particularité rend plus aisée l'introduction d'idées nouvelles. Ce n'est pas le cas dans l'approche linéaire où cette opération entraînerait des rajouts illisibles.

Malgré tous ces avantages, le schéma heuristique surprend toujours et choque parfois ceux qui fonctionnent surtout sur le mode gauche, mode, rappelons-le, particulièrement développé dans l'enseignement français. Chaque année, cependant, je rencontre des étudiants pour qui ce schéma est, selon les termes employés, une «véritable révélation». Certains m'ont affirmé que, grâce à ce procédé, ils «entraient» dans des textes, qui, auparavant, leur semblaient rébarbatifs. D'autres ont recours au schéma pour prendre des notes pendant le cours. Il serait dommage de ne pas l'essayer, ne serait-ce qu'une fois, pour savoir s'il vous convient.

2.8 Quelle méthode choisir ?

Les notes sont fonction du projet

Trois grands cas de figure peuvent se présenter :

• Mémorisation

Si vous prenez des notes en vue d'apprendre, de retenir, sachez que la mémoire est exigeante : elle a besoin de plusieurs révisions. Les courbes de mémorisation montrent que 80% des informations sont oubliées dès le lendemain. Pour que les connaissances soient ancrées dans la mémoire à long terme, cinq à six séquences de réactivation sont nécessaires.

Lors des révisions, il n'est pas question de tout relire mais de revoir rapidement vos notes. C'est pourquoi une prise de notes concentrant un maximum d'informations dans un minimum de place est tout à fait indiquée. Si vous préférez des notes plus étoffées, parcourez uniquement les titres et sous-titres.

• Documentation en vue d'un écrit personnel

Si vos notes constituent un pont entre les écrits d'autrui et un écrit personnel, vous devez absolument vous garder la possibilité de choisir votre structure. Ce qui est original dans un message représentant l'aboutissement d'un travail de documentation, ce ne sont pas les informations elles-mêmes (elles existaient déjà…) mais la manière dont vous les agencez.

Dans ce but, une prise de notes structurée ne serait sans doute pas très judicieuse : elle risquerait de vous gêner dans l'élaboration de votre propre problématique. Une méthode efficace pour ce type d'activité consiste à préparer une fiche ou une feuille par question posée, en amont de la recherche.

Vous noterez sur chacune d'elles les informations s'y rapportant sous forme de schéma heuristique ou de phrases synthétiques.

• Points de repère pour une prestation orale

Vous pouvez, enfin, préparer des notes qui serviront lors d'un exposé ou, plus généralement, lors d'une prestation orale. Évitez, dans ce cas, le résumé ; celui-ci étant un texte entièrement rédigé, vous auriez tendance à le lire plutôt qu'à le «dire». Les notes doivent plutôt être une sorte de canevas à partir duquel vous déploierez vos idées.

Les notes sont fonction du document

Un texte où la hiérarchie des idées est très importante relève plus de la prise de notes structurée que du tableau de mots clés.

Les notes sont fonction de votre personnalité

Êtes-vous plutôt cerveau gauche ? Votre gestion mentale, plus auditive que visuelle, sera sans doute à l'aise avec le résumé, le tableau de mots clés.

Êtes-vous plutôt cerveau droit ? Votre gestion mentale, visuelle, a besoin de notes dont la disposition et la présentation retiendront votre regard. La prise de notes structurée, le schéma heuristique vous conviendront. Veillez à utiliser toutes les ressources dont vous disposez pour mettre en relief les éléments importants : couleurs, écritures différentes…

Bref, souvenez-vous…

• Information traitée = information mieux assimilée.
• Notation variée = notation efficace.

ENTRAÎNEMENT

Objectif : savoir manier les différents types de prise de notes.

Exercice 1

1. Lisez le texte en vous aidant de l'itinéraire de lecture approfondie ; sautez éventuellement les étapes 5 et 6.

2. Enregistrez les informations en réalisant trois prises de notes différentes :
   a) une prise de notes structurée ou un plan schéma ;
   b) un résumé ou un tableau de mots clés ;
   c) un schéma heuristique.

Un monde en déséquilibre

[Dans la partie précédente, l'auteur soulignait que la dégradation de la nature par l'homme n'est pas un phénomène nouveau.]

À l'époque contemporaine, la situation atteint cependant un degré de gravité inégalé jusqu'à présent. L'homme de la civilisation industrielle a maintenant pris possession de la totalité du globe. Nous assistons à une véritable explosion démographique sans équivalent dans l'histoire de l'humanité. Tous les phénomènes auxquels l'homme est mêlé se déroulent à une vitesse accélérée et à un rythme qui les rend presque incontrôlables. L'homme se trouve aux prises avec des problèmes économiques insurmontables dont la sous-alimentation chronique d'une partie des populations n'est que le plus évident. Mais il y a bien plus sérieux encore. L'homme moderne dilapide d'un cœur léger les ressources non renouvelables, combustibles naturels, minéraux, ce qui risque de provoquer la ruine de la civilisation actuelle. Les ressources renouvelables, celles que nous tirons du monde vivant, sont gaspillées avec une prodigalité déconcertante, ce qui est encore plus grave, car cela peut provoquer l'extermination de la race humaine elle-même : l'homme peut se passer de tout, sauf de manger. Il manifeste une confiance absolue dans les techniques mises au point dans les temps récents. Les progrès réalisés en physique et en chimie ont accru la puissance des outils à notre disposition dans une proportion fantastique. Et cela nous incite à manifester un véritable culte à l'égard de la technique que nous croyons dorénavant capable de résoudre tous nos problèmes sans le secours du milieu dans lequel sont apparus nos lointains ancêtres et au sein duquel ont vécu des générations nombreuses.

Beaucoup de nos contemporains estiment de ce fait qu'ils sont en droit de couper les ponts avec le passé. Toutes les lois qui présidaient jusqu'à présent aux rapports de l'homme avec son milieu paraissent désuètes. Le vieux pacte qui unissait l'homme à la nature a été brisé, car l'homme croit maintenant posséder suffisamment de puissance pour s'affranchir du vaste complexe biologique qui fut le sien depuis qu'il est sur la Terre.

Jean Dorst, *Avant que nature meure,*
Éd. Delachaux et Niestlé, 1971.

Quelque temps après avoir réalisé les deux exercices précédents, essayez de retrouver le contenu des deux textes à l'aide de vos prises de notes. Selon la qualité et la quantité des informations obtenues à partir de tel ou tel type de prise de notes, vous choisirez celle qui vous convient le mieux.

Exercice 2

Établissez la prise de notes de votre choix pour chaque partie ou chaque module de ce livre.
Revenez au questionnaire de la page 79 : vos représentations sur la prise de notes ont-elles changé ?

LE MODULE EN SCHÉMAS

Schéma 1 : itinéraire de lecture approfondie

Je survole Cerveau droit	je questionne Cerveau gauche + cerveau droit	Je lis en entier Cerveau gauche	Je retrouve les grandes parties Cerveau droit
Je détecte les mots clés Cerveau gauche	Je détecte les connecteurs d'articulation Cerveau gauche	J'évoque auditivement et/ou visuellement Cerveau gauche et/ou cerveau droit	Je vérifie Cerveau gauche

Schéma 2 : la prise de notes est fonction de trois facteurs

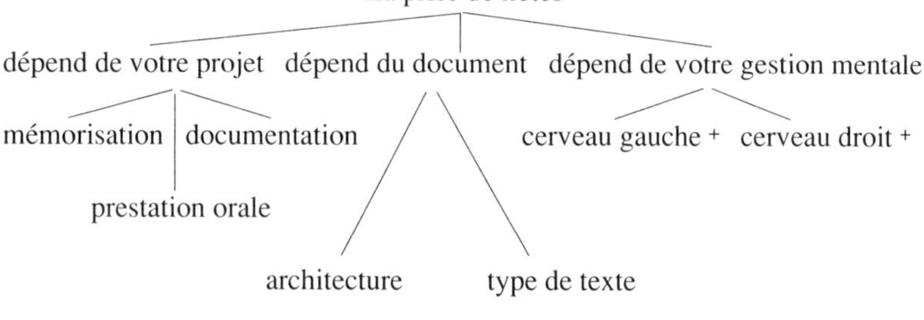

Schéma 3 : choix de la prise de notes

Objectif des notes	Particularités des notes	Méthodes possibles pour les cerveaux gauches	Méthodes possibles pour les cerveaux droits	À éviter
Mémoriser.	– Notes synthétiques facilitant des révisions rapides. – Notes permettant d'exploiter tout son cerveau (dans ce cas, effectuer une méthode cerveau gauche + une méthode cerveau droit).	Résumé – Tableau de mots clés.	Prise de notes structurée (titres et sous-titres) – Plan-schéma – Schéma heuristique.	Notes abondantes sans mise en relief.
Consigner les informations en vue d'un travail écrit.	Notes permettant une structuration personnelle.	Tableau de mots clés.	Schéma heuristique.	Prise de notes structurée ou plan-schéma.
Consigner les informations en vue d'une prestation orale.	Notes = points de repère.	Tableau de mots clés.	Prise de notes structurée – Plan-schéma.	Résumé.

CORRIGÉS

MODULE DE LANCEMENT : MIEUX SE CONNAITRE POUR MIEUX EXPLOITER SES RESSOURCES INTELLECTUELLES

Test : quel est votre profil cérébral dominant ? (p. 7)

Explication pour la question 11 : Les cerveaux gauches choisissent habituellement le côté gauche de la salle, l'écran est ainsi à droite de leur champ de vision, donc vu par leur œil droit et leur cerveau gauche (voir p. 15). Pour les cerveaux droits, c'est l'inverse qui se produit.

Exercice 2 (p. 20)

1 F – 2 V – 3 V – 4 V – 5 F – 6 V – 7 F – 8 V – 9 F – 10 V .

Exercice 3 (p. 21)

1. Cerveau gauche (CG) – 2. Cerveau droit (Cd) – 3. CG – 4. CD – 5. CD – 6. CG – 7. CD – 8. CD – 9. CD – 10. CG – 11. CG – 12. CG – 13. CD – 14. CG.

Exercice 4 (p. 21)

Voici quelques réponses possibles mais, en mobilisant votre cerveau droit, vous avez certainement trouvé de nombreuses autres métaphores.

1. Un automate, un ressort – 2. Gargantua, l'homme de Cromagnon – 3. Un filtre, une passoire, une écluse, un code – 4. Plutôt un chien ou un chat qu'une tortue ou un moustique… – 5. Chateaubriand, Lamartine, Rimbaud ou tout autre écrivain, poète, artiste dont l'œuvre reflète les émotions – 6. Un ordinateur, un planning, un magnétophone – 7. Comptable, informaticien, juriste, biologiste – 8. Hercule Poirot : il examine minutieusement, les uns après les autres, les indices, sa démarche est analytique, déductive – 9. Un écran, une caméra, un tableau – 10. Peintre, romancier, cinéaste, décorateur, publicitaire – 11. Colombo, Maigret : ils s'imprègnent de l'atmosphère, essaient de comprendre la psychologie des personnages, de déterminer leurs éventuels mobiles ; leur démarche est plus intuitive qu'analytique.

MODULE 1 : MULTIPLIER SON POTENTIEL DE LECTURE

1. La lecture dévoilée

Questionnaire : vous et la lecture (p. 24)
1. Faux : le champ de vision permet de saisir plusieurs mots.
2. Faux : les lecteurs rapides font généralement montre d'une meilleure compréhension.
3. Faux : les lecteurs rapides font montre d'une meilleure mémorisation.
4. Faux : la vitesse de lecture peut toujours être améliorée.
5. Vrai ou faux : tout dépend de votre objectif : si vous voulez vous faire une idée du contenu du livre ou du texte, vous pouvez vous contenter de lire les endroits charnières (voir p. 64) ; si vous souhaitez analyser le document, il est préférable de le lire intégralement.
6. Faux : la meilleure tactique consiste à pratiquer un rapide survol des titres, des intertitres, des mots mis en évidence par la typographie (voir p. 81).
7. Faux : il est plus judicieux de poursuivre la lecture jusqu'à la fin du paragraphe ou du texte et de consulter le dictionnaire dans un deuxième temps (voir p. 82).
8. Faux : les retours en arrière sont souvent inutiles (voir p. 53).

Bilan de départ (p. 25)
1. b – 2. c – 3. a, c, e, g – 4. a, d – 5. b – 6. c.

2. Lire avec une longueur d'avance *(p. 34)* [1]

1. tourne – 2. caddie – 3. obligatoire – 4. meilleurs – 5. simple – 6. articles – 7. au – 8. certaines – 9. chemin – 10. des – 11. se – 12. telle – 13. hérissées – 14. de – 15. circulation – 16. distributeur – 17. en – 18. un – 19. de – 20. en – 21. partir – 22. si – 23. représente – 24. ménagère – 25. géantes – 26. emballage – 27. A – 28. avec – 29. Le – 30. client – 31. rend – 32. donc – 33. savent – 34. que – 35. répond – 36. aussi – 37. les – 38. De – 39. et – 40. identiques – 41. trouvait – 42. teintes – 43. aisées – 44. de – 45. surface – 46. produit – 47. que – 48. rayon – 49. grande – 50. Les.

---

1. Seul le mot du texte d'origine est fourni ; tous les synonymes sont évidemment acceptés.

3. Acquérir un œil précis

• *Première série*

Exercice 1 (p. 38)

volonté : C 7 – politique : D 9 – relation : C 11, D 3 – bouche : B 4, D 7 – journal : A 11.

Exercice 2 (p. 38)

livre : C8, D 3 – danger : B 8 – repérer : C 1 – considérable : D 9 – information : B 4.

• *Deuxième série*

Exercice 1 (p. 39)

1. clarté – 2. concentrer – 3. blâmer – 4. gaspiller – 5. important – 6. exporter – 7. débiter – 8. interdire – 9. expirer – 10. rassurer.

Exercice 2 (p. 39)

1. fertile – 2. fermer – 3. partisan – 4. élargir – 5. élasticité – 6. explicite – 7. échec – 8. crédulité – 9. actif – 10. aimer.

4. Acquérir un œil panoramique

Exercice 1 (p. 44)

1. La littérature, la psychologie, les mathématiques, la géographie, la philosophie, l'électronique.
2. Une averse de grêle, un brouillard épais, un été torride, un automne pluvieux.

Exercice 2 (p. 45)

1. Les congés payés, la Sécurité Sociale, indemnité de travail, une assurance maladie, baisse du dollar, grève des transports, allocations familiales.
2. Un roman passionnant, une bibliographie, une table des matières.

MODULE 2 : MANIER LES STRATÉGIES DE LECTURE SÉLECTIVE

2. Ecrémer

Exercice 1 (p. 65)

Voici le texte complet «le saturnisme continue ses ravages»

Couramment utilisée jusqu'en 1948, date de son interdiction, la céruse est un carbonate de plomb très toxique pour ceux qui l'inhalent ou l'ingèrent. Nos grands-parents badigeonnaient à l'envi leurs murs de peintures qui en contenaient. Rénovation et réhabilitation aidant, elle a disparu des quartiers riches. Mais, dans bien des taudis, ces peintures sont toujours là et s'effritent. Attirés par leur goût sucré, les enfants grattent les écailles pour les manger. Ou simplement portent à leur bouche des mains recouvertes de poussières de peinture. Un comportement d'autant plus dangereux que l'organisme d'un enfant assimile 50% du plomb qu'il ingère, soit cinq fois plus que celui d'un adulte et que le métal est toxique à très faible dose. En cinq ans, plus de trois cents enfants atteints de saturnisme (pratiquement tous d'origine étrangère) ont été hospitalisés à Paris. Un tiers d'entre eux présentaient des encéphalopathies graves. Et, sur 1 500 jeunes soumis au dépistage, 70% avaient, dans le sang, un taux de plomb susceptible d'entraîner des séquelles neurologiques à long terme.

Priorité à la prévention

Mais ces chiffres ne représentent que la partie émergée de l'iceberg : un dépistage systématique n'est pratiqué que dans six arrondissements de Paris par les centres de Protection maternelle et infantile *(PMI)*. On ignore tout de la prévalence de la maladie en dehors de ces six arrondissements. Aucun cas n'a encore été recensé en province. Faute d'avoir été mis en garde, beaucoup de pédiatres n'ont pas le réflexe de suspecter un cas de saturnisme. Son diagnostic est très malaisé, car les symptômes ressemblent au départ à ceux de pathologies banales. Mais, dans l'ombre, la maladie s'attaque au cerveau de l'enfant. Touchant les fonctions d'apprentissage, elle peut conduire à une régression intellectuelle et comportementale irréversible. Même lorsque le diagnostic est correct, il n'est pas toujours facile de soigner efficacement les petits et de prévenir les rechutes. Les cures en milieu hospitalier auxquelles sont soumis les enfants les plus gravement atteints sont sévères et parfois inutiles.

«S'ils sont répétés, ces traitements peuvent endommager les reins, explique le Dr Yves Manuel, chargé de mission au ministère de l'Environnement. Or, lorsque ces malades, à la sortie de l'hôpital, regagnent un logement insalubre, ils risquent de rechuter. Même dans le cas où leur appartement a été rénové, ils sont parfois exposés au plomb dans la cage d'escalier ou chez les voisins. Si bien que certains enfants ont subi jusqu'à 15 cures de désintoxication !»

Le suivi des malades, qu'il faut surveiller pendant plusieurs années est malaisé. À Paris, les équipes hospitalières sont débordées et, comme il n'existe pas de fichier au niveau national, ceux qui déménagent en province ne subissent plus aucun contrôle. La maladie présentant peu de signes apparents, les parents négligent d'amener leurs enfants en consultation et demeurent bien souvent insensibles aux conseils que leur donnent médecins et travailleurs sociaux pour prévenir la maladie (isolement des surfaces dangereuses, nettoyage fréquent des mains et des ongles, surveillance rapprochée des enfants). «Les efforts d'information sont souvent vains, souligne Yves Manuel. La plupart des enfants sont africains et, dans leur pays, ce genre de contact direct avec l'environnement est un signe d'éveil qu'il faut encourager.» À l'association internationale Accueil Santé, on est aussi un peu désabusé : «On ressent chez les parents un certain fatalisme, ils ont le sentiment qu'ils ne peuvent rien faire pour lutter. Et quand leurs enfants sont malades, ils ont davantage tendance à s'adresser au gourou qu'au médecin. »

L'idéal serait donc de rénover tous les logements dangereux. D'un strict point de vue financier, ce n'est pas une aberration, chaque cure de désintoxication revenant à la coquette somme de 56 000 F.

Mais la tâche n'est pas facile. Il faut identifier les immeubles à risque et mettre en œuvre des travaux spécifiques. Pour évaluer les méthodes de rénovation les plus efficaces, deux associations (Migrations Santé et Médecins sans frontières) ont lancé l'an dernier un programme expérimental sur cinquante appartements où vivaient les enfants les plus gravement atteints. L'occasion de s'apercevoir que la lutte contre le saturnisme est un parcours semé d'embûches.

Une course d'obstacles

Pour repérer les logements à risque, il faut y pratiquer un dosage du plomb. Une analyse très complète qui demande un appareillage coûteux et ne peut être menée que par des laboratoires spécialisés. Or à l'heure actuelle, le Laboratoire d'hygiène de la Ville de Paris est déjà débordé.

Pour la rénovation elle-même, le ponçage ou le grattage purs et simples sont à proscrire puisqu'ils projettent des particules de plomb dans l'air. Il faut effectuer un décapage chimique avec un produit spécial, le *Peel Away*. Une opération longue et délicate qui nécessite une protection rigoureuse des ouvriers. Enfin, pendant les travaux, qui peuvent durer plusieurs semaines, il faut reloger les habitants. Les familles concernées par l'opération pilote ont été accueillies par Accueil Santé. Mais les possibilités d'hébergement sont très limitées. «La Ville de Paris propose des logements à 40 km de la capitale, déplore un médecin. Lorsque le père est éboueur et doit être à 5 heures du matin au centre de Paris, on est dans l'impasse.» De plus, les familles essuient souvent un refus de la part des offices HLM, comme l'explique Vincent Nedelec, directeur de Migrations Santé: «Les logements type F4 ou F5 leur sont inaccessibles car les loyers sont trop élevés. Et dès lors qu'il y a un certain nombre d'enfants, elles ne peuvent prétendre à un logement plus petit.»

Qui doit assurer la rénovation ?

Aux États-Unis, le saturnisme est considéré comme le premier problème de santé infantile avec 500 000 malades recensés et 45 000 nouveaux cas par an. La lutte passe là-bas par des méthodes très libérales : ce sont les propriétaires de logements insalubres qui doivent assurer, à leurs frais, les travaux de rénovation. Une solution peu opportune de l'avis d'Yves Manuel, chargé de mission au ministère de l'Environnement: «Placés devant cette obligation, les propriétaires préfèrent expulser leurs locataires et revendre à un promoteur. Le problème du relogement devient encore plus crucial.» Même son de cloche du côté de Philippe Delaroa, directeur du PACTE, l'organisme chargé de réunir les fonds pour les opérations de rénovation: «On ne peut pas tenir le propriétaire pour responsable de peintures qui ont souvent été faites avant qu'il achète son appartement. Et puis, il faudrait exercer un contrôle très strict pour s'assurer que les rénovations sont faites conformément aux normes. Ajoutez à cela que, dans certains appartements dont nous nous sommes occupés, on ne retrouve même pas le propriétaire. À la Goutte d'or, on voit des petits malins s'autoproclamer maîtres des lieux, encaisser les loyers de la main à la main et disparaître dès qu'un problème se pose. La solution de la réhabilitation avec des financements publics est donc la seule viable.»

Un espoir à long terme

Si le programme pilote a pu être mené à bien, c'est grâce à l'aide financière de nombreux organismes publics ou privés, notamment la mairie de Paris et l'Anah (Agence nationale pour l'amélioration de l'habitat). Mais la rénovation d'un logement coûte au minimum 50 000 F. Et ce genre de collaboration faite de «bouts de ficelles» n'est valable que sur des programmes limités. Les pouvoirs publics, longtemps négligents, sont aujourd'hui décidés à prendre le relais. Le ministère de la Santé souhaite mener des actions de dépistage de grande envergure. En l'absence de savoir-faire, va-t-on soumettre à des analyses coûteuses tous les enfants à risque ? Comment reconnaître ceux qui sont vraiment exposés à la maladie ? Faut-il inspecter tous les appartements de tous les vieux quartiers de France pour y détecter le plomb ? Pour tenter de définir les méthodes les plus efficaces, un groupe de travail vient d'être mis en place. Les résultats de ses réflexions ne seront connus que dans plusieurs mois. Parallèlement, au ministère du Logement, on a décidé que les populations exposées au saturnisme seraient prioritaires au titre de la loi Besson. En clair, on devrait leur proposer des logements adaptés à leur situation, notamment en termes de loyer et d'accompagnement social. Mais cette loi du 31 mai 90 (*J.O.* du 2 juin) fait l'objet de plans départementaux qui ne seront élaborés qu'en juin 1991.

En attendant, on traite les dossiers au coup par coup et la maladie continue ses ravages. Malgré les cris d'alarme des médecins, les pouvoirs publics ont mis plusieurs années à prendre conscience de la gravité de la situation. Reste à espérer que le passage des bonnes intentions aux actions concrètes sera plus rapide.

Fabienne Maleysson,
Que choisir ?, n° 268, Janvier 1991.

3. Repérer

• *Première série*

Exercice 1 (p. 70)

1. métal – 2. odeur – 3. repas – 4. brûler – 5. meuble – 6. peur – 7. correspondance – 8. bruit – 9. arme – 10. intempérie.

Exercice 2 (p. 71)

1. poème – 2. publication – 3. musique – 4. voie – 5. habitation – 6. joie – 7. partir – 8. sentiment – 9. penser – 10. regarder.

• *Deuxième série*

Exercice 1 (p. 72)

1. irritable – 2. vif – 3. frivole – 4. magnifique – 5. incriminer – 6. sarcastique – 7. augmenter – 8. irrévocable – 9. embrouiller – 10. complètement.

Exercice 2 (p. 73)

1. véracité – 2. décanter – 3. solitude – 4. traité – 5. polémique – 6. dispenser – 7. dense – 8. érafler – 9. singularité – 10. uniquement.

• *Troisième série (p. 74)*

1. Les journaux d'information, les journaux au service d'une idéologie, les journaux indépendants – 2. Le recul – 3. Ne pas choisir, l'indifférence, le silence, le mensonge par omission (il vous suffisait de donner trois réponses) – 4. Multiplier les sources d'information, recouper + vérifier les nouvelles, publier

plusieurs versions, user du conditionnel, compléter, corriger le plus grand nombre possible d'informations sur les événements, attendre que l'événement soit achevé – 5. Apeurés, frileux – 6. Erreur de fait, erreur de jugement.

MODULE 3 : ENREGISTRER SES LECTURES

1. La lecture approfondie *(p. 87)*

Texte 1

1. Idée principale : première phrase
2. Les autres phrases illustrent l'idée principale par des exemples introduits par «ainsi».

Texte 2

1. Idée principale : première phrase.
2. Les autres phrases développent l'idée principale en exposant les différents types d'agression.

Texte 3

1. Idée principale : première phrase.
2. La deuxième phrase étaie l'idée principale, l'explique ; les autres phrases l'illustrent par des exemples introduits par «ainsi».

2. Prendre des notes

Exercice 1 (p. 110)

Note : les idées complémentaires du paragraphe 1 indiquent les causes de l'affirmation posée dans l'idée principale (première phrase) : la gravité de la situation. Les idées complémentaires du paragraphe 2 déploient l'idée principale de ce paragraphe : le pacte entre l'homme et la nature est rompu.

a) Prise de notes structurée :

1. UNE SITUATION TRES GRAVE

↑

1.1 Omniprésence de la civilisation industrielle

\+

1.2 Une explosion démographie sans précédent

\+

1.3 Accélération des phénomènes humains

\+

1.4 Des problèmes économiques insurmontables (ex. : la sous-alimentation)

+

1.5 Gaspillage des ressources
1.5.1 Ressources énergétiques
1.5.2 Ressources alimentaires

↓

1.6 Civilisation et survie de l'homme en péril

+

1.7 La technique : un remède miracle selon l'homme
1.7.1. Confiance aveugle
1.7.2 Résolution de tous les problèmes

↓ ↓ ↓

2. L'HOMME ET LA NATURE : UN PACTE ROMPU
2.1. Des lois désuètes
2.2. Une puissance capable de s'affranchir de la nature

Pour établir le plan schéma, présenter les titres et sous-titres selon la disposition indiquée page 101.

b) Résumé

La situation, à l'heure actuelle, est plus grave que jamais. En effet, la civilisation industrielle a envahi toute la planète, l'explosion démographique est sans précédent, les phénomènes humains s'accélèrent à une cadence effrénée. L'homme se heurte par ailleurs à des problèmes économiques insurmontables tels que la sous-alimentation. De plus, il gaspille les ressources énergétiques et alimentaires, mettant ainsi sa civilisation en péril. Il n'en garde pas moins une confiance aveugle dans la technique capable, selon lui, de régler tous les problèmes. Estimant qu'il possédait les moyens de s'en affranchir, il a, par suite, rompu le pacte qui le liait à la nature.

c) Tableau de mots clés

En raison de la longueur du paragraphe 1, ce tableau est un peu difficile à réaliser sur la largeur d'une page. Utilisez-la plutôt dans sa longueur comme nous l'avons fait sur la page suivante.

Exercice 2 (p. 111)

Les titres et sous-titres mentionnés dans le livre fournissent la base des différentes prises de notes.

MOTS CLÉS

§ 1	**mots clés 1**	**mots clés 2**	**mots clés 3**	**mots clés 4**	**mots clés 5**
	aujourd'hui gravité inégalée	civilisation industrielle possession tout le globe	explosion démographique	phénomènes vitesse accélérée	problèmes économiques insurmontables
	mots clés 6	**mots clés 7**	**mots clés 8**	**mots clés 9**	**mots clés 10**
	dilapide ressources renouvelables et non renouvelables	confiance absolue dans technique	ruine civilisation	extermination race	culte envers techniques = résoud tous les problèmes
§ 2	**mots clés 1**	**mots clés 2**	**mots clés 3**	**mots clés 4**	
	droit couper ponts	lois désuètes	pacte brisé	homme peut s'affranchir nature	

d) **Schéma heuristique**

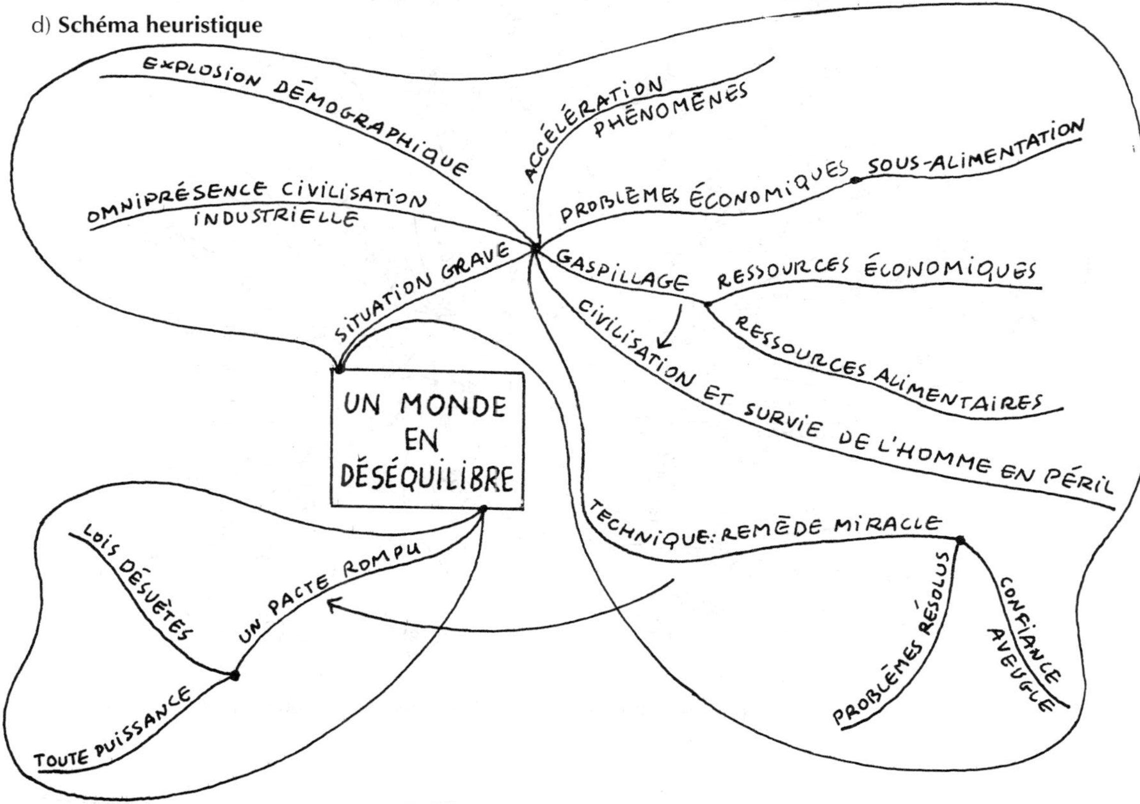

Schéma heuristique

Exercice 2

Voici un exemple de schéma heuristique sur la prise de notes (module 3, 2e partie)

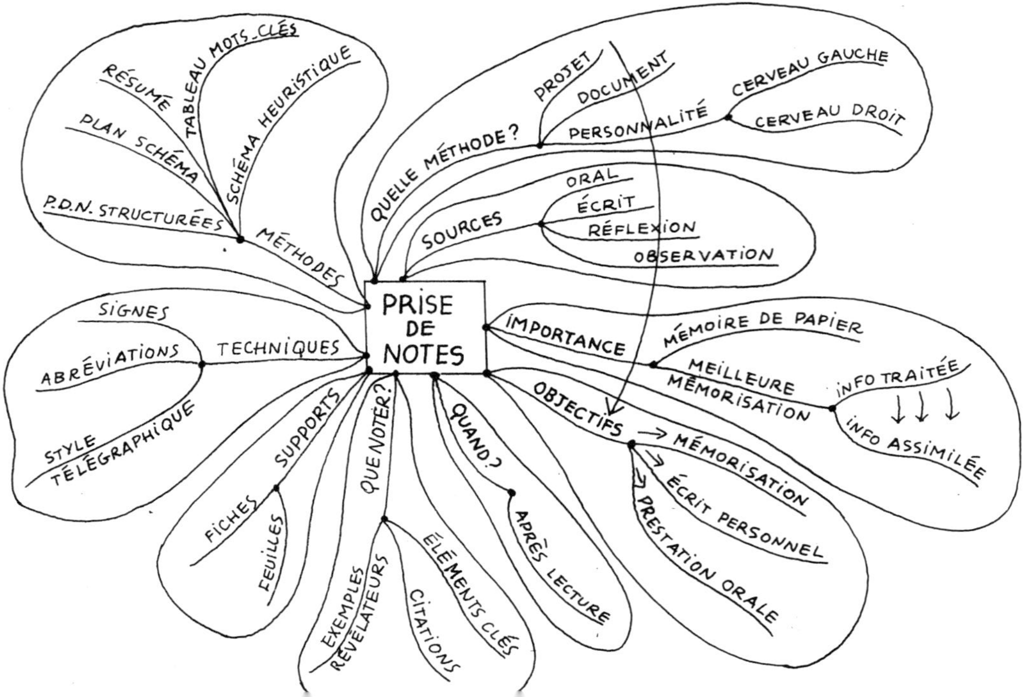

CONCLUSION

À l'issue de ce livre, j'espère que :

– vous avez découvert votre fonctionnement mental grâce au module de lancement ;

– vous avez développé votre capacité de lecture grâce au module 1 ;

– vous avez peaufiné vos techniques de recherche grâce au module 2 ;

– vous avez acquis les méthodes vous permettant d'assimiler vos lectures grâce au module 3.

Vous êtes en possession d'une panoplie de stratégies qui vous aidera dans vos études et tout au long de votre vie. Exploitez-la au maximum.

Pour ma part, j'ai envisagé cet ouvrage comme un dialogue avec vous. Vous avez toujours été présent à mes yeux : pas une ligne n'a été écrite sans que je vous imagine. Que vous ayez senti cette communication par écrit interposé, c'est ce que je souhaite le plus profondément.

Merci à «mes» étudiants : Annabelle, Karine, Laurent, Yanis... Leur étonnement, leur intérêt, leurs réactions envers le «cours de méthodologie», m'ont conduite à vous le faire partager.

Merci à mes enfants. Leurs questions, leur désaccord parfois, m'ont engagée à chercher d'autres voies, à explorer d'autres démarches.

Achevé d'imprimé
Édition :
Composition et mise en page : CND International

N° de projet : 10017510 - (2) - 7 - (OSB - 80) - C.N.D. – Août 1993
Imprimé en France par Pollina, 85400 Luçon - n° 63575